JOGO DE DAMAS

Livros do autor publicados pela **L**&**PM** EDITORES

Canibais (**L**&**PM** POCKET)

A cantada infalível seguido de *A mulher do centroavante outras histórias*

Cris, a fera & outras mulheres de arrepiar (**L**&**PM** POCKET)

A história dos Grenais (c/ Nico Noronha, Mário Marcos de Souza e Carlos André Moreira)

Jô na estrada (ilustrações de Gilmar Fraga)

Jogo de Damas (**L**&**PM** POCKET)

Meu guri (ilustrações de Gilmar Fraga)

Mulheres! (**L**&**PM** POCKET)

Pistoleiros também mandam flores (**L**&**PM** POCKET)

David Coimbra

Com ilustrações de Edgar Vasques

JOGO DE DAMAS

Uma história de grandes mulheres, grandes homens e grandes fatos que determinaram a supremacia feminina

www.lpm.com.br

L&PM POCKET

Coleção **L&PM** POCKET, vol. 941

Texto de acordo com a nova ortografia

Este livro foi publicado em primeira edição pela L&PM Editores em formato 14x21cm, em outubro de 2007
Primeira edição na Coleção **L&PM** POCKET: abril de 2011

Ilustrações: Edgar Vasques
Capa: Ivan Pinheiro Machado sobre ilustração de Edgar Vasques
Projeto gráfico: Ivan Pinheiro Machado
Revisão: Jó Saldanha, Larissa Roso e Patrícia Rocha

CIP-Brasil. Catalogação-na-Fonte
Sindicato Nacional dos Editores de Livros, RJ

C633j

Coimbra, David, 1962-
Jogo de damas: uma história de grandes mulheres, grandes homens e grandes fatos que determinaram a supremacia feminina / David Coimbra; com ilustrações de Edgar Vasques. – Porto Alegre, RS: L&PM, 2011.
192p. : il. (Coleção L&PM POCKET; v. 941)

ISBN 978-85-254-2201-9

1. Mulheres - Psicologia. 2. Homens - Psicologia. 3. Sexo - Diferenças (Psicologia). 4. Relações homem-mulher. I. Título. II. Série.

11-1043. CDD: 306.7
CDU: 392.6

Rua Comendador Coruja 314, loja 9 – Floresta – 90220-180
Porto Alegre – RS – Brasil / Fone: 51.3225.5777 – Fax: 51.3221.5380

Pedidos & Depto. comercial: vendas@lpm.com.br
Fale conosco: info@lpm.com.br
www.lpm.com.br

Impresso no Brasil
Outono de 2011

Sumário

O começo

Já faz 120 séculos que o estilo de vida do ser humano é feminino. Doze mil anos de domínio das mulheres, pouco mais, pouco menos.

Não foi sempre assim.

Houve um tempo em que o macho da espécie era de fato o senhor da Terra. A maior parte do tempo, aliás.

Há 3,8 milhões de anos, as florestas da África, por algum motivo, se transformaram em savanas. Quer dizer: uma árvore aqui, outra lá adiante. Ficou complicado pular de galho em galho ou se deslocar de cipó.

Desta forma, por estrita necessidade de melhorias no sistema de transporte, alguns macacos saltaram para o chão e passaram a andar sobre dois pés.

Surgiu, então, o velho *Australopithecus afarensis*, que saudade.

Foi um tempo tranquilo, aquele. Pithecus caçava, pescava, saía com os amigos e se reproduzia sem muitos questionamentos filosóficos ou psicológicos. Não era atacado por dinossauros ou pterodáctilos porque os dinossauros e os pterodáctilos tinham providencialmente desaparecido havia 61 milhões de anos. Claro, as feras que hoje grassam pela África já grassavam, e inclusive o faziam com maior desenvoltura, sem medo das espingardas calibre 12 ou das câmeras da *National Geographic*. Isso significa que de vez em quando surgiam inoportunos bandos de leões ou hienas ou outros predadores famintos, ansiosos para devorar as carnes tenras de Pithecus e sua turma. Mas ele, Pithecus, soube se defender. Tanto que foi em frente, povoou o alegre mundo pré-histórico, até ser sucedido primeiro pelo *Homo erectus*, que tinha um nome bastante auspicioso, se se levar em conta o quesito virilidade, e, depois, pelo *Homo heidelbergensis*.

Finalmente, há cerca de duzentos mil anos, o Heidelbergensis gerou dois primos-irmãos, por assim dizer: o *Homo sapiens* e o *Homo neanderthalensis*. Era chegada a nossa hora. Eu e você somos Sapiens, sabia? Pois é. Mas, confesso, tenho maior simpatia pelo Neanderthalensis.

Aí está uma história mal contada, a do Neanderthal. Porque ele era grande e forte, bem mais do que o Sapiens. O Neanderthal era musculoso como um Schwarzenegger e peludo como um Tony Ramos. Caminhava dezenas de quilômetros sem se cansar, suportava rindo temperaturas extremas, de até trinta graus abaixo de zero, enfrentava as dificuldades com denodo e, suponho, bom humor.

E ainda assim foi extinto.

Esta a questão fulcral: por que o poderoso Neanderthal foi extinto? Ou, melhor, POR QUEM ele foi extinto? Você, que conhece História, responderá: pelo *Homo sapiens.*

ERRADO!

O Neanderthal foi extinto pela FÊMEA do *Homo sapiens.* A nossa conhecidíssima mulher, com suas canelas lisas.

Como isso aconteceu?

Assim:

O Sapiens, nós, éramos muito mais frágeis e muito menos resistentes do que o Neanderthal, isso já está sobejamente dito. Existe vasta probabilidade de que as duas espécies tenham passado milênios sem se encontrar. O mundo, masculino em sua totalidade, girava devagar e prazeroso, sem horários e responsabilidades. Nós homens passávamos a vida a atirar flechas em bisontes, a espetar peixes com dardos aguçados e a colher os frutos sumarentos das árvores. Nadávamos nos cursos d'água cristalinos, vadiávamos pelas praias de areia branca e fofa, dormindo quando bem entendêssemos, comendo quando nos desse fome e, lógico, reproduzindo-nos sem culpa, trocando de parceiras com a camaradagem típica do gênero masculino, fazendo sexo a qualquer hora, ninguém era de ninguém. Ninguém era de ninguém!

Até que as duas espécies se cruzaram. Neanderthais e Sapiens começaram a disputar recursos. As probabilidades de vitória dos vigorosos Neanderthais eram amplas, eles eram os favoritos.

Aí as fêmeas dos Sapiens entraram em ação.

Enquanto os machos saíam pelas savanas e pelas florestas para buscar comida, para se meter em alguma eventual escaramuça sem maiores consequências ou para contar piadas, como fazem sempre os machos, as fêmeas se quedavam nas cavernas ou nas ocas ou nas clareiras, seja lá onde for, cuidando dos filhotes, como fazem sempre as fêmeas. Então, num desses dias imemoriais, uma das mulheres notou que, caindo no solo, a semente germinava, crescia, tornava-se uma planta adulta e depois gerava frutos. Só uma mulher poderia ter feito essa averiguação. Por dois motivos:

1. Porque a mulher teria tempo e paciência para ficar observando uma semente crescer, ao contrário do homem, que só pensava em se divertir com os amigos. E:

2. Porque o que acontece com a semente é exatamente o que acontece com ela, mulher, que, depois de amadurecer, é fecundada e gera um fruto. Ou dois. Ou mais – conheço gente que tem trigêmeos.

Isto é: a mulher inventou a agricultura e, inventando a agricultura, inventou a Civilização. Aos poucos, ela convenceu o homem, o Sapiens, a se fixar no solo. Mostrou que era muito mais vantajoso e muito menos perigoso plantar, colher e comer do que sair pela floresta, dando lançaços em javali. Foi a mulher, também, a primeira a domesticar um animal para que ele vivesse junto à aldeia primitiva e, depois, servisse de alimento. O primeiro animal domesticado pela mulher não se sabe qual foi. Talvez a cabra, o cachorro ou a galinha. O último, isso é certo, foi o homem.

Esta obra máxima do instinto feminino, a Civilização, serviu perfeitamente aos interesses da mulher. Porque a mulher precisava de um homem que ficasse em casa e ajudasse na proteção aos filhotes. A vida nômade, tipicamente masculina, não é adequada à criação de filhos. A mortalidade infantil devia ser altíssima, na época. O que incomodava sobretudo às mães, já que, todos sabemos, filho é coisa de mulher, sexo é coisa de homem – um conceito que vamos abordar alguns parágrafos adiante.

A mulher, portanto, necessitava da vida sedentária. Muito mais cômoda para ela. Mas por que maldita razão o homem foi topar um arranjo desses depois de 3 milhões 788 mil anos de vida fácil? (Sim, porque a Civilização só surgiu há doze mil anos.) Por quê?

Voltemos ao nosso amigo Neanderthal.

O *Homo sapiens*, frágil, pequeno e pelado, estava perdendo a concorrência para o Neanderthal, másculo, poderoso e cabeludo. Porém, e eis o porém decisivo, com a agricultura e a domesticação dos animais, o Sapiens poderia se fixar na terra, poderia planejar defesas mais eficientes, poderia agrupar-se em bandos maiores e poderia se reproduzir em quantidades impensáveis para o seu adversário nômade. Desta forma, por deficiências estruturais e logísticas, o Neanderthal foi eliminado. Sumiu da face do planeta. Perdemos uma estirpe de zagueirões centrais. E a Civilização, a Era da Mulher, começou.

Reunidos assim em grupos, bem protegidos, os seres humanos começaram a se reproduzir como jamais tinham se reproduzido nos milhões de anos anteriores. Só que aquela festa da Idade da Pedra (Ninguém é de ninguém! Ninguém é de ninguém!) havia acabado. Porque a mulher, sempre ela, convenceu o homem de que aquilo de viver sedentariamente, amanhando o solo, só funcionaria se eles estabelecessem um núcleo, uma sociedade, com gente trabalhando para que o empreendimento desse certo. Esta sociedade é, evidentemente, a família, outra ardilosa e funcional invenção feminina. O homem, a mulher e seus descendentes formariam um núcleo que daria vantagens a ambos: segurança à mulher para a criação dos filhos e, supostamente, poder ao homem, que seria o líder da sociedade.

Supostamente. Eis uma palavra fundamental. Supostamente.

Acontece que a mulher CONCEDEU o poder ao homem. Não por magnanimidade; por astúcia.

Afinal, à mulher o que interessa é criar os filhos e cuidar que a espécie sobreviva. Ela sabe perfeitamente que a economia, a política, a administração, todos esses subprodutos da Civilização, têm importância secundária. E sabe disso por causa da menstruação.

Chegamos agora à grande diferença entre mulheres e homens. À grande vantagem que elas têm sobre nós.

A menstruação.

Devido à menstruação, a mulher, mal egressa da infância, descobre que a vida tem fim. A menstruação faz a mulher compreender o ciclo da vida. Ela tem o ciclo da vida DENTRO dela! Ela compreende a mais importante lei do Universo: que tudo nasce, evolui até seu apogeu e depois morre. Começo, meio e fim. Tão simples, tão definitivo.

De posse desse entendimento, a mulher anda pela Terra com os pés no chão. Ela não sonha, ela mantém os olhos bem abertos. Ela não acredita, como o homem, que pode viver um grande amor a cada sexta-feira, que enfeitiçará eternamente o sexo oposto, que ainda alcançará a fama, o sucesso, a fortuna, o poder.

Ao contrário do homem.

O homem crê que será capaz de grandes façanhas. Que a posteridade se lembrará dele. Crê-se imortal. Pobre iludido.

O homem está sempre correndo o risco de parecer ridículo, por conta dessa deficiência. Porque ele está sempre se arriscando, concebendo ideologias, lutando por elas. O homem tenta dar sentido à existência. A mulher sabe que o sentido da existência é existir.

É assim: nós homens somos românticos; as mulheres são práticas.

Donde a diferença de sentimento de ambos em relação ao sexo. O homem pratica sexo por diletantismo, como nos áureos tempos pré-históricos. A mulher, para procriar. A mulher USA o sexo para atrair o homem. Ela se torna atraente, ela se insinua, ela entra em minissaias sumárias e calça botas de cano alto, ela infla os seios a silicone e os aprisiona em blusinhas minúsculas, com decotes tão profundos quanto a obra completa de Nietzsche, ela raspa todos os pelos do corpo, todos, todos, ou quase, tornando-se lisinha e macia e tenra, boa de se tocar, com aquelas pernas torneadas e compridas, aquelas nádegas redondas e rijas, aquelas... Enfim, você sabe. O que ela faz com todo esse arsenal é dar a entender à vítima, que é você, eu, nós, os homens, que nós teremos uma vida de aventuras como todo homem quer ter desde a Era de Ouro da Idade da Pedra. Uma vida de sexo enlouquecido, bárbaro, selvagem, pois é isso que queremos, é isso que somos: selvagens!

Sim, ainda somos selvagens... Os mesmos selvagens de há 150 mil anos, saltitando pelas savanas, enfrentando guepardos com alegria, pegando crocodilos pelo rabo, andando com o tacape ao ombro. Nosso instinto selvagem ainda está lá, aqui, dentro de nós.

Eis o problema. Não nos adaptamos a esta invenção feminina, a Civilização. Ao mesmo tempo em que nossa alma pré-histórica, livre e selvagem nos fez criar os poemas mais líricos, os romances mais comoventes, as esculturas mais perfeitas e o controle remoto, também nos acarretou as guerras mais sanguinárias, a destruição da Natureza, o aquecimento global e a música *rap*.

Bem que tentamos nos adaptar à Civilização. O esporte é a prova cabal das nossas boas intenções. O esporte nada mais é do que uma regressão à Era de Ouro pré-Civilização. Um esporte coletivo, como o futebol, dá ao homem a satisfação atávica de lutar em grupo por um objetivo comum. Antes, o time cercava o mamute: três ou quatro atraíam o monstro para uma clareira, outros seis guarneciam os flancos, mais sete ou oito artilheiros muniam-se de lanças pontudas para feri-lo de morte. Um perfeito trabalho de equipe para a derrota do adversário. O futebol.

Assim, todos os outros esportes, até o nilcon, são regressões ao tempo em que olhávamos com respeito para nossos primos Neanderthais. Não é por outro motivo que os esportes são invenções masculinas. Não é por outro motivo que a maioria dos esportes foi inventada por gregos ou por ingleses. É que gregos e ingleses, cada um ao seu tempo, foram os povos mais civilizados do mundo. Os mais reprimidos. Os que mais sentiam o que Freud chamava de Mal-Estar na Civilização. Como reagir? Como escapar a tantas normas femininas? Pela arte ou pelo esporte. Os gregos criaram todos os esportes de atletismo e fundaram as Olimpíadas. Os ingleses inventaram todos os esportes com bola.

Tudo para fugir da Civilização.

A mesma função têm a arte, a música, o teatro, a literatura. São expoentes da Civilização? São produtos da Civilização? Sim, claro que são, mas só porque o homem civilizado, reprimido, amordaçado,

DOMESTICADO, como sempre quis (e conseguiu) a mulher, precisa de uma válvula de escape para sua alma inquieta e selvagem. Nada de mau nisso. Nós só queremos um pouco de diversão.

Aí está. Diversão. Eis o nosso objetivo, no Planeta Terra. As mulheres pensam em responsabilidades. Filhos. A continuidade da espécie. Nós queremos nos divertir. É pedir muito? É demais??? Decerto que não. Mas elas não compreendem. Elas nos chamam de imaturos, mandam-nos para analistas. Terapia! Puá! Mais um truque feminino, mais uma tentativa de domar o que existe de puro em nós homens, o que reside no fundo do nosso espírito, a saudade do tempo em que tudo era belo e simples debaixo do sol.

Exatamente devido a esse nosso espírito minimamente indomado que a Civilização não deu certo. Porque não deu, não se iluda. Estragamos tudo. É um projeto cheio de defeitos e que agora, com o aquecimento global, talvez esteja perto de ser encerrado. A mulher se deu conta disso há algumas décadas. Aquela ideia de ela se recolher ao lar e cuidar do que é realmente decisivo, deixando o homem brincar lá fora, não funcionou. Agora, a mulher está tentando reagir. Está tentando tomar o comando daquelas áreas (economia, administração, política, negócios) que, se não têm a menor importância filosófica (e não têm), podem acarretar a destruição do planeta, no fim do mundo, no Armagedon, no Apocalipse, o que seria chato.

Trata-se de uma tarefa gigantesca. Como a mulher vai conciliar suas funções muito mais nobres e sérias de procriação e responsabilidade pela continuidade da espécie com as maçantes atividades administrativas? Talvez seja demais mesmo para ela, a vencedora da guerra com o Neanderthal, aquele machão pré-histórico.

Se for demais para ela, bem, o mundo vai acabar já, já. E, com o fim do mundo, que importância têm todas as regras? A etiqueta? A Civilização? Nenhuma! Ninguém é de ninguém!

Mas, se não acabar, se a mulher conseguir dar um jeito neste projeto mal enjambrado que é a Civilização, bem, aí as coisas vão enfim acontecer do jeito que têm de acontecer: a mulher vai comandar famílias, empresas, cidades e nações, enquanto a nós, homens, caberão as funções típicas de seres mal-adaptados ao mundo feminino, de sonhadores inatos, de românticos atávicos, como nós, e então nós nos dedicaremos aos esportes, à música, à poesia, à literatura, às artes plásticas, à culinária, a todas essas atividades criativas que não prescindem do espírito selvagem do homem.

As mulheres têm tudo para conseguir. Têm todas as chances de salvar o mundo que a elas pertence. Nós homens vimos sendo empecilhos há alguns séculos, é verdade. Mas elas dispõem de uma arma infalível contra nós: o sexo. Elas sabem usar o poder do sexo. Porque, para elas, o sexo é uma atividade secundária. Elas são máquinas de procriar, não se esqueça disso. Estão programadas para a reprodução. Assim, elas manipulam o nosso desejo para atingir seus objetivos.

Quase sempre conseguem.

Provavelmente conseguirão mais uma vez, antes que tudo acabe.

Nas páginas seguintes, vou dar provas conclusivas de que a mulher tem esse potencial. Vou contar algumas histórias ilustres de mulheres que souberam empregar os ardis femininos a seu favor. Sempre iludindo, sempre tergiversando, sempre dissimulando. Às vezes traindo. Normal. É da natureza delas. Elas são mulheres.

Ródope e seu pequeno pé

O pezinho de Ródope media dezoito centímetros. Talvez menos. Porque, na verdade, o que media dezoito centímetros era a chinelinha que calçavinha o pezinho de Rodopinha. Num esforço de reportagem (o que não faço pelos leitores?), armei-me de uma régua escolar e saí a medir pequenos e tenros pés de mulheres contemporâneas a fim de estimar qual era o tamanho exato do pé de Ródope, um pé que pisava na superfície do mundo há três mil anos. Resultado da investigação: ela devia calçar 33. Talvez... 32!

Nada que se comparasse às chinesas, óbvio. O pé pequeno é uma tara nacional, lá na China. Sabe a história das "flores de lótus de oito centímetros"? Um horror. Para que as chinesas tivessem pés bem pequenos, mas bem pequenos mesmo, as famílias delas, das chinesinhas, envolviam seus pés em ataduras desde que elas eram muito novinhas. Atavam fortemente os pés das meninas e os apertavam em sapatilhas diminutas. Os pés ficavam deformados, cresciam para baixo, como garras. Doíam por toda a vida e ficavam, realmente, com uns oito centímetros. É por isso que as chinesas caminhavam daquele jeito de chinesa, com passos bem curtos. Sofriam medonhamente, pobrezinhas. Mas os chineses achavam muito bonito aquilo. Quando Mao Tsé-Tung tomou o poder, no meio do século XX, acabou com essa desumanidade. Foi uma das poucas coisas realmente boas que fez a ditadura de Mao.

Mas voltemos a Ródope e seu delicado, formoso e saboroso pé. Ora, uma mulher que se equilibra sobre pés número 33 não pode ser muito alta. A modelo Ana Hickmann, por exemplo, tem tamanho de zagueiro do Guarany de Bagé: 1m85cm. Calça, apropriadamente, 40. Gisele Bündchen, que de baixinha não tem nada, eleva-se a 1m77cm, uma mulher que, como diria meu amigo Ivan Pinheiro Machado, enche uma cama: ficou no 37, mesmo número da chuteira de Roberto Rivellino. Com o que, concluo que Ródope era pequeninha. Mas não muito, ou não teria feito todas as façanhas que fez. Digamos, 1m63cm. Isso: pode imaginar Ródope com 1m63cm. Quem sabe 1m64cm.

Agora: é certo que era bela como uma tarde de verão na praia Brava. Seus encantos persistiram por milênios e foram cantados até por um prêmio Nobel de literatura, o egípcio Nagib Mahfuz, que, no século XX, escreveu o romance *Rhadopis, a cortesã*.

Ródope não era egípcia como Mahfuz. Nasceu na Trácia. Numa das tantas guerras da Antiguidade, foi capturada pelos egípcios e reduzida à escravidão. Então, lá estava Ródope, exposta num mercado de escravos, à venda para quem quisesse comprá-la, como se fosse um melão maduro. E, importante, nua. Total, completa, absolutamente, deliciosamente nua.

O velho Henri de Kock garantiu, no livro que escreveu sobre as antigas e boas cortesãs, que Esopo, ao deparar com Ródope nua, a mulher mais nua que ele tinha visto na vida, emitiu um grito de espanto, choque e admiração, tudo junto. Algo como:

– Que gostosa!

Só que em grego.

Esopo vinha caminhando pelo mercado ao lado do seu dono. Com o que você já concluiu que Esopo também era escravo, e está certíssimo: era. Porém, o dono de Esopo gostava muito dele, tinha-o em alta conta. Devido, obviamente, às histórias que Esopo contava, suas famosas fábulas, que venceram o bolor dos séculos e continuaram sendo repetidas geração após geração até chegar aos seus ouvidos, caro leitorinho. Algumas delas: "A raposa e as uvas", "A cigarra e a formiga", "A tartaruga e a lebre". Está certo, Esopo não era muito criativo para dar títulos a fábulas, mas elas eram realmente interessantes. Tanto que seu proprietário considerava-o um sábio, opinião plenamente confirmada no momento em que Esopo se maravilhou com a nudez de Ródope e chamou-a de gostosa.

– Você tem bom gosto, Esopo – disse-lhe o dono, esfregando as mãos.

E fez o que os nababos costumavam fazer naquele tempo: comprou Ródope por boa soma e a levou para casa, planejando fazer com ela, bem, tudo. Esse senhor de Ródope e Esopo, ele era mesmo um senhor. Estava entrado em anos, já. Logo, não tinha aquela ânsia juvenil de possuir a escrava o quanto antes e fazer, bem, tudo com ela. Pediu a Esopo que cuidasse de Ródope, que lhe desse banho, a perfumasse com as essências mais inebriantes, a vestisse com as vestes mais vaporosas e a orientasse sobre como proceder diante do amo.

Esopo, que não era bobo, obedeceu alegremente e, como fosse guapo e, como todo fabulista, bom de conversa, terminou cevando-se nas carnes jovens de Ródope antes de o senhor poder pegá-la e fazer, bem, tudo. Ródope, ao que tudo indica, gostou. Era ainda muito novinha, não tinha sido estragada pelos homens, destino de toda mulher. Assim, apaixonou-se. Esopo e Ródope encetaram um trepidante romance. Amavam-se a todo momento, em toda parte, sempre que encontravam oportunidade.

Até que o amo os pegou na tampinha.

Ficou furioso. Repreendeu especialmente Esopo, a quem prometera dar liberdade num futuro próximo. Como vingança, preparou-lhe uma cilada. Ofereceu-lhe a seguinte condição: se ele quisesse Ródope, a teria. Poderia casar-se com ela, desde que aceitasse a escravidão para todo o sempre, o que é muito tempo. Caso contrário, ganharia a liberdade, mas Ródope seria revendida como escrava em Mênfis, lugar onde o amo poderia obter um lucro razoável por ela.

Ródope deu pulinhos de felicidade. Ia casar-se! Você sabe: todas as mulheres querem casar. Todas, desde sempre. Mas Esopo ficou pensando: se aceitasse aquela proposta, seria escravo duas vezes: do seu atual senhor e de Ródope. Em contrapartida, se não topasse, Ródope ficaria bastante decepcionada, mas ele, Esopo, ganharia a liberdade total! Sairia solteiro pelo mundo, podendo deliciar-se com a mulher que bem entendesse. Sendo assim, Esopo olhou para Ródope e disse que precisava de um tempo, que o problema não era ela, era ele, que ele ainda não estava em idade de se amarrar, que estava saindo de uma relação difícil e talicoisa, você conhece a conversa.

Ródope olhou para Esopo, e de seu olhar saíam chispas de ódio. Chamou-o de cafajeste, cachorro, sem-vergonha, essas coisas que as mulheres dizem para os homens. Esopo achou aquilo muito aborrecido, mas não ficou perdendo tempo com remorsos. Caiu fora. E, como o planejado, saiu pelo mundo, experimentando os prazeres da sua nova liberdade, fabulando, ganhando dinheiro, encantando os nobres de todas as nações e entrando para a História.

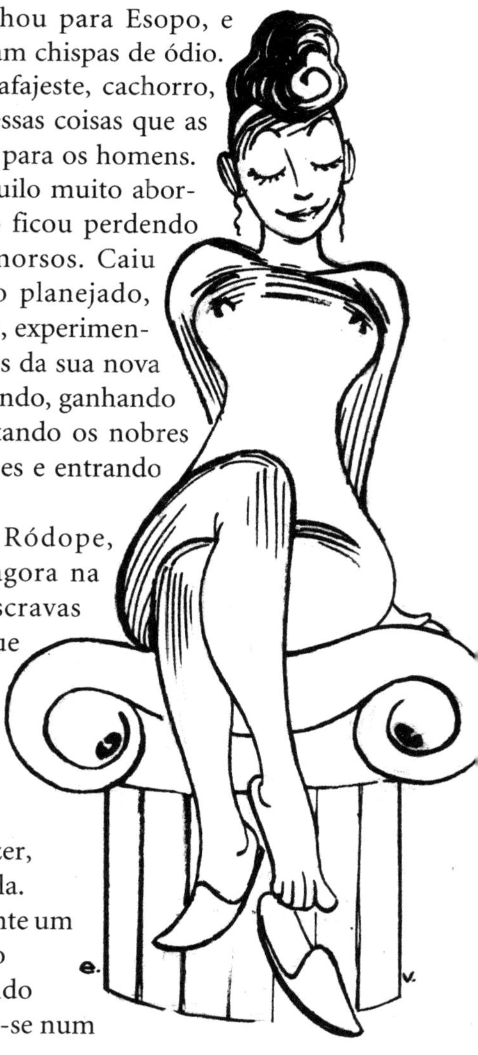

Quanto a Ródope, foi revendida, agora na categoria das escravas seminovas. O que não impediu seu novo dono de se apaixonar por ela. Esse novo dono, como o antigo, queria fazer, bem, tudo com ela. E fazia. Fez, durante um tempo feliz. Até o dia em que, estando Ródope a banhar-se num córrego cristalino, aconteceu algo estranho: uma águia deu uma rasante e apanhou, com suas garras poderosas, um pé da sua chinela.

Arrá, a chinela! Você havia se esquecido da chinelinha de dezoito centímetros de Ródope! Pois a tal águia a levou por alguns quilômetros, até perceber que não se tratava de algo comestível, desinteressar-se e largá-la lá de cima. A chinelinha caiu das alturas, fez evoluções e, antes de bater no solo, atingiu a testa de ninguém menos do que Amásis. Digo ninguém menos porque Amásis era o rei do Egito. Ou seja: tratava-se de homem importante.

Como todos os homens poderosos, Amásis dava vazão a suas excentricidades. É lógico que todos os homens têm suas excentricidades, sei disso, só que os poderosos podem colocá-las em prática. Era o que Amásis fazia. Por exemplo: ele possuía duas mil concubinas. As mulheres mais lindas do Egito, colhidas nos povoados e nas cidades às margens férteis do Nilo como se fossem petúnias olorosas. Você há de protestar: peraí, quem não quereria ter duas mil concubinas? Certo, certo, qualquer homem sensato gostaria de montar um harém com duas mil concubinas. Eu, se me dessem autorização, sairia agora mesmo e iria ali para o shopping, fazer um rancho de concubinas. Só que Amásis nunca sequer encostou o dedo real em qualquer delas. Nunca! Porque Amásis era um marido fiel, agora veja. Amava sua esposa e só fazia sexo com ela. As outras duas mil moças não se afastavam dos limites do harém, intocadas, condenadas à virgindade perpétua, a não ser que algum dos eunucos se mostrasse um pouco mais animado.

Por que um homem teria duas mil concubinas se não as usava? Minha teoria é de que Amásis era como o fumante que deixou de fumar e precisa manter um cigarro por perto, só para saber que, se quiser, pode fumar novamente.

Outra do Amásis: faraó de um dos períodos de maior prosperidade do Egito, ele se vestia com fausto e jamais repetia uma roupa. Conheço algumas mulheres que também são assim. Amásis, porém, nem guardava a roupa. Depois de usá-la, doava-a para um de seus felizes súditos. Também não ocupava uma residência por mais de um ano depois de construída, e o palácio que abandonava igualmente era repassado a um servidor, costume que deve ter diminuído em muito o problema da casa própria no Antigo Egito.

Não bastasse ser assim perdulário, Amásis ainda desenvolvera o hábito de dormir vigiado por um leão de olhos azuis que só obedecia às suas ordens. O leão fora presente de um adivinho que vaticinou: se o faraó se afastasse da fera, acabaria assassinado.

Foi na cabeça desse homem que se chocou a chinelinha de Ródope. Ele a examinou, enlevado. Cheirou-a. Alisou-a. Suspirou, enfim. E a mostrou para a rainha, trêmulo de excitação:

– Conhece alguém em quem caberia essa chinela?

Ela sacudiu a cabeça.

– Não – disse, admirada. – Nenhuma mulher, em todo o Egito, tem pés tão pequenos.

Amásis viu-se de imediato tomado por violenta obsessão. Devia ser tarado por pés, esse faraó. Existe muita gente assim, podólatra. Tem um cara, aqui em Porto Alegre, que passa os dias a caçar pés de mulheres.

Fica nos parques, olhando os pés delas. Quando encontra um que o agrada, pede, mal conseguindo falar de arrebatamento:

– P-posso ver o seu pé?

As moças se surpreendem com o pedido, tentam se esquivar. Ele insiste:

– P-por favor. O s-seu pé. Pre-preciso ver seu pé. Pago o que você quiser pra ver seu p-p-pé. Mo-mostre, por favor! – e tira maços de notas amarfanhadas do bolso, oferece-os à dona do pé desejado. As mulheres, invariavelmente, saem correndo, assustadas:

– Sai, tarado!

É como ele é conhecido na cidade: o tarado do pé.

Amásis devia ser desse tipo. Ou ficou desse tipo, depois de ver a chinelinha. Mandou cinco mil soldados em busca da dona do pequeno calçado. Em cada cidade do reino, os soldados tocavam fanfarras, convocavam a população, anunciavam que o rei queria saber quem era a dona da chinela que fora roubada por uma águia.

A essa altura, você deve estar pensando: mas é a história da Cinderela e o sapatinho de cristal! E é. Vinte e cinco séculos depois, o francês Charles Perrault inspirou-se na história de Ródope para criar o conto da Gata Borralheira. Perrault era um escritor profícuo e compunha títulos melhores do que Esopo. Ó: "A Bela Adormecida", "Chapeuzinho Vermelho", "O Gato de Botas", "Pequeno Polegar".

O que demonstra que, de certa forma, o destino de Ródope sempre esteve ligado a contadores de histórias. Como você sabe o que ocorreu com Cinderela, também sabe que os soldados encontraram Ródope e a mandaram para o palácio real. O amo de Ródope, no entanto, rastejou de paixão, repetindo:

– Não se vá, não me abandone, por favor, pois sem você vou ficar louco!

Mas Ródope não acreditava mais no amor. Fora definitivamente estragada por Esopo. Portanto, sorriu um sorriso de perfídia e disse, entre dentes:

– Mas eu não te amo.

E se foi, deixando rojados ao solo os restos de seu antigo dono. Chegando ao palácio, Ródope foi apresentada ao faraó, que, de imediato, desfaleceu de amores pela bela trácia. A rainha, enciumada, quis mandar a escrava de volta para o seu proprietário, mas o faraó retrucou:

– Até agora tive duas mil mulheres à minha disposição e lhe fui fiel. Agora, você terá de aceitar esse meu capricho.

A rainha concordou que o faraó tinha sido de fato muito controlado durante todos aqueles anos e,

sabiamente, decidiu não incomodá-lo. Com uma condição: que o encontro dele com Ródope durasse apenas uma noite. Feito o trato, Amásis trancou-se nos aposentos reais com a escrava. Enquanto se despia, Ródope prometeu:

– Vossa majestade vai experimentar delícias que jamais experimentou e que nunca mais experimentará.

Jesus! Já pensou ouvir isso de uma mulher? Parece que ela cumpriu a promessa. O faraó apreciou de tal forma o seu interlúdio com a trácia que, pela manhã, decretou que a noite não terminara. Ordenou que os escravos acendessem as candeias do palácio e que trouxessem a ceia. E essas ordens se repetiram e repetiram e repetiram. A noite não acabava mais, a rainha, escandalizada à porta do quarto, queixava-se com as concubinas:

– Quando isso vai terminar? Será essa mulher uma feiticeira?

Sim, a todas aparentava que Ródope era uma feiticeira do sexo. Aquela noite durou sessenta horas. Durante sessenta horas, o faraó se refestelou com Ródope! A mais longa noite da história.

Depois dessas sessenta horas de sexo, o faraó concedeu a liberdade a Ródope. Mais: chamou o tesoureiro e ordenou que cem vezes enchesse de ouro a chinelinha de dezoito centímetros. Deu a importância a Ródope, naturalmente. A aventura tornou Ródope famosa, rica, livre e amiga do soberano. Por muitos anos, ainda, ela continuou empregando seus talentos de alcova. Transformou-se na mais célebre cortesã do mundo antigo, recebendo clientes especiais dispostos a pagar o alto preço que ela cobrava por seus favores.

Já o faraó Amásis, um dia ele se afastou do tal leão de olhos azuis. Disso se aproveitaram suas duas mil concubinas virgens, que invadiram os aposentos reais e o trucidaram com as próprias mãos. Há quem diga que elas cometeram o regicídio por não aguentarem mais tanto tempo sem sexo. Garanto que não. Na verdade, mataram Amásis por ciúmes. Enquanto ele as rejeitava pela esposa, tudo bem, elas compreendiam. Mas traí-las com uma aventureira, uma desconhecida, umazinha que nem fazia parte do harém? Isso era insuportável. Era imperdoável. Amásis, pois, foi vítima da sua noite de sessenta horas de amor com a escrava Ródope.

O mais belo corpo da Grécia

Os gregos preferiam as loiras. Por isso, as famosas cortesãs conhecidas como "hetairas" esmeravam-se em manter seus cabelos sempre cuidadosamente tingidos de amarelo, uma vez que as gregas antigas, para infelicidade dos gregos antigos, nasciam na sua maioria morenas feito pés de oliveira.

As hetairas são a prova cabal das vicissitudes pelas quais passavam as mulheres na Grécia. Quer dizer: não em toda a Grécia. Na belicosa Lacedemônia, as espartanas participavam livremente da vida da comunidade e exerciam poderosa influência sobre filhos e maridos – Helena de Troia, lembre-se, não era de Troia, era de Esparta. Mandavam muito, as mulheres de Esparta. E eram duronas. As mães, quando os filhos saíam em campanhas militares, lhes recomendavam:

– Volte com seu escudo. Ou sobre ele.

Porque era impossível correr por extensões muito amplas carregando o pesadíssimo escudo espartano, que protegia o soldado do joelho ao pescoço. A frase das mães, então, significava que os filhos não poderiam fugir do combate. Se não o vencessem, que morressem lutando.

De dar medo, as mães de Esparta.

Em Atenas é que as mulheres viviam reclusas, fornecendo inspiração para uma imortal composição do Chico Buarque. A tal ponto que muitas delas, mesmo mulheres da aristocracia, mesmo as que dispunham do cobiçado título de cidadãs, mesmo essas preferiram se tornar hetairas.

Essas meretrizes de luxo tinham não apenas mais liberdade do que o comum das gregas, tinham também certo acesso à cultura. Por conta de leituras esparsas e muito esforço elas se transformaram nas mulheres mais célebres da Grécia clássica. Nenhuma tão ilustre quanto Aspásia de Mileto, paixão imorredoura do grande Péricles. Digo grande porque Péricles foi o mais famoso estratego de Atenas. Em seus trinta anos de governo, a cidade prosperou e tornou-se o centro do mundo conhecido. Aquele período de fausto ficou conhecido como o Século de Péricles.

Pois bem. Péricles frequentava a cortesã Aspásia. E, como ela fosse jovem, 25 anos mais moça do que ele, e bela como uma Angelina Jolie, Péricles apaixonou-se por ela. O amor de Péricles por Aspásia foi tão poderoso que ele se separou da esposa, aquela, sim, uma nobre ateniense, e trouxe a amante para o palácio. Os atenienses se escandalizavam ao ver que, todas as manhãs, ao se despedir de Aspásia, Péricles o fazia com beijos afetuosos.

Aspásia não passava de uma ex-cortesã e não dispunha da cidadania ateniense. Parece desvantagem. Não era. Graças a essa condição, ela podia circular livremente pela cidade, conversar com quem bem entendesse e participar de reuniões reservadas só para homens. Tornou-se uma espécie de primeira-dama de Atenas. Promovia saraus, incentivava os intelectuais, centralizava a vida social da cidade, antecipando as damas francesas do século XVIII. Entre seus interlocutores estava ninguém menos do que Sócrates, que não cansava de elogiar seu tirocínio político. Os gregos, não suportando uma mulher com tamanha influência, se revoltaram contra ela. Os mais violentos pegaram em armas, os mais inteligentes a satirizaram. Péricles continuou a amá-la.

Mas havia outras hetairas a brilhar em Atenas, com outras habilidades. Havia Clepsidra, assim chamada porque media com uma ampulheta d'água o tempo que despendia na companhia dos clientes, cobrando proporcionalmente. O hábito de Clepsidra com frequência exasperava a clientela, mas sobreviveu à poeira dos séculos, como se sabe. Em Colônia, na Alemanha, conheci o maior bordel do mundo. Onze andares de sexo a soldo. É como se fosse um hotel. As prostitutas e os travestis ficam em frente aos quartos, sentados em banquinhos altos, vestidos com trajes sumários. O cliente chega, escolhe a mercadoria e é avisado: cinquenta euros dá direito a vinte minutos de diversão. Ou ele resolve a questão em vinte minutos, ou paga mais. O velho regulamento de Clepsidra.

Igualmente notável foi Targélia, que serviu de espiã aos persas. No afã da coleta de informações, Targélia dormiu com o maior número de próceres atenienses possível, número esse que, garantiram seus espantados conterrâneos, seria suficiente para enfrentar o Batalhão dos Imortais persas.

Já Temístone era tão proficiente na sua arte que prosseguiu ativa até perder o último dente e o último fio de cabelo, enquanto Gnatena treinou a filha com tamanho desvelo que exigia a fortuna de dez mil dracmas a quem pretendesse passar uma noite de delícias com a moça. Ah, e também havia Laís, a lindíssima Laís de Corinto, tão bela que os escultores imploravam para que lhes servisse de modelo, e ela fazia beicinho. Depois de muito suplicar, o velho escultor Miron conseguiu sua aprovação. Não se tratava de qualquer um – Miron foi o autor do famoso discóbulo, ainda hoje um dos símbolos do esporte em todo o mundo. No momento em que Laís se despiu, porém, Miron ficou sem ar, com lágrimas nos olhos, e se apaixonou de forma irremediável. Prometeu dar-lhe tudo o que possuía em troca de uma só noite de gozo. Com o que deduzo que Laís devia ser realmente uma coisa.

Laís sorriu, vestiu-se e se foi em silêncio, deixando Miron sem jeito e sem modelo. No dia seguinte, esperançoso, o velho artista se banhou, untou os cabelos com óleos finos, penteou a barba com critério, vestiu uma túnica púrpura presa por um cinto dourado e renovou as propostas a Laís. A cortesã, sorridente, replicou:

– Meu pobre amigo, vem me pedir o que ontem recusei ao seu pai.

Sacana.

Aliás, a respeito disso de discóbulo: na frente do campo de futebol onde eu marcava gols lendários, o Alim Pedro, num charmoso bairro de Porto Alegre denominado IAPI, foi plantado um pedestal de pedra e, sobre o pedestal, a prefeitura cimentou uma réplica do discóbulo de Miron. Pois não é que os gaiatos do bairro roubaram a estátua? Uma estátua imensa, em tamanho natural. Levaram embora. O que é que um sujeito faz com uma estátua de discóbulo em casa, isso eu não sei, mas alguém ainda deve tê-la, enfeitando o quarto.

Enfim. Laís sabia ser exigente e sabia ser generosa. Frustrou os ardores do feio Demóstenes ao reivindicar dez mil dracmas por uma sessão de prazer, mas ao virtuoso Diógenes* ofereceu-se de graça tão-somente para haurir-lhe a filosofia. Porém, nenhuma grega, nenhuma!, ombreou com Frineia. Ah, Frineia, Frineia... Gostaria de ter conhecido essa loira. Sim, porque Frineia era loira natural, nascida loira, todinha ela loira, loiríssima. Neste livro, você sabe, não entra mulher feia. Mas Frineia abusou do privilégio de ser bela, e já vou contar por quê. Antes, no entanto, penso ser importante discorrer sobre essa questão de Atenas reprimir as mulheres. Lembra do Chico?

---

* Diógenes (c.413-c.323 a.C.), filósofo grego representante do cinismo. Desprezava o mundo e a opinião das pessoas, comportava-se como mendigo e vivia em um barril. Foi preso e vendido como escravo; percebendo a inteligência de Diógenes, seu amo lhe confiou a gerência de seus bens e a educação de seus filhos. Diz-se que, certa feita, ao lhe perguntarem onde se poderiam encontrar homens verdadeiros, ele saiu à procura empunhando uma tocha, em plena luz do dia. (N.E.)

Elas não têm gosto ou vontade
Nem defeito, nem qualidade
Têm medo, apenas.

As mulheres de Atenas. Justamente Atenas, o berço da filosofia, da democracia e do pensamento ocidental. Pois digo: não foi por acaso. Ao contrário: Atenas alcançou tamanha excelência nas artes e tamanha profundidade de espírito POR CAUSA de seu quase desprezo às mulheres.

Vou invocar meu filósofo preferido para defender esse ponto de vista. Vou até abrir um capítulo especial para ele. Ó:

Baruch de Espinosa

Adoro esse nome, Baruch. Queria batizar meu filho de Baruch. Desisti porque ele teria problemas com telefone – mas, no futuro.

– Alô? Quem fala?

– Baruch.

– Saúde.

Não, não, melhor um nome menos hebraico. Aliás, ser judeu foi um dos maiores dramas da vida de Baruch de Espinosa. Porque sua filosofia afrontou o judaísmo, o cristianismo, o islamismo, as religiões em geral. Espinosa combateu a superstição, que é a origem de todo sentimento religioso. Para ele, Deus não estava fora do homem, interferindo no destino de cima para baixo como um ditador, e sim dentro, em todas as coisas, na essência da natureza. Baruch de Espinosa foi, de certa forma, o fundador da holística.* A vida, segundo ele, tem lógica em si mesma. Espinosa compreendeu o que as mulheres sabem desde a menarca: que a razão de existir é simplesmente existir.

Mas, se para as mulheres essa sabedoria é intuitiva, para Espinosa demandou anos de dedicação, estudos, sacrifício e reflexão. Muito jovem, ele leu os

* Abordagem das ciências humanas e naturais que vê os fenômenos como uma coisa só, em vez de analisar separadamente os componentes do todo. (N.E.)

mais importantes autores judeus. Só que Espinosa queria mais. Queria desvendar o ideário cristão direto na fonte. Para tanto, precisava aprender latim, a língua culta da época, o século XVII. Procurou um professor da língua de Virgílio, o melhor que havia em Amsterdam (Espinosa era de origem portuguesa, mas vivia na Holanda). A cada aula, ao mesmo tempo em que aprendia a dizer *da mihi factum, dabo tibi jus*, Espinosa se enamorava da filha do professor. Apaixonou-se por ela, pediu-a em casamento, mas a moça preferiu outro jovem, um anônimo que ocupava seus dias em alguma profissão bem remunerada, como, sei lá, guarda-livros.

Sábia decisão. Porque, enquanto a filha do professor consolidava sua família e cuidava dos filhos, como anseia toda mulher, Espinosa, desiludido, concentrou-se em Tito Lívio, Sêneca, Cícero e Ovídio, desenvolveu sua filosofia revolucionária e foi excomungado do judaísmo. Antes de ser banido da convivência com seu povo, Espinosa foi tentado por uma oferta em dinheiro para manter-se fiel às normas da sinagoga, pelo menos nas aparências. Recusou. Então, o Conselho Eclesiástico se reuniu para promover sua expulsão. A fórmula da maldição a Espinosa foi dita em meio a uma cerimônia grandiosa e opressiva. Uma grande tuba gemia em períodos intercalados, e as luzes, muito fortes no começo da sessão, foram sendo apagadas uma a uma, simbolizando a extinção da vida espiritual do punido. A congregação se retirou em meio às trevas, depois da leitura deste texto que tem a verve poderosa do Velho Testamento:

Com assentimento dos anjos e santos nós anatematizamos, execramos, amaldiçoamos e expulsamos Baruch de Espinosa com audiência da comunidade sagrada em presença dos sagrados livros onde os 613 preceitos estão escritos pronunciando contra ele a maldição com que Elisha amaldiçoou os filhos e mais todas as maldições do Livro da Lei. Amaldiçoado seja de dia e amaldiçoado seja de noite; dormindo e acordado; indo e vindo. O Senhor que nunca o perdoe ou o receba; e que a ira do Senhor não cesse contra este homem e o carregue de todas as maldições do Livro da Lei e apague seu nome debaixo do céu e o afaste de todas as Tribos de Israel, sobrecarregado com todas as maldições contidas no Livro da Lei – e possam todos os que são obedientes ao Senhor ser salvos neste dia.
Por esta advertimos a todos que ninguém com ele deve ter contato por gesto ou palavra, nem por escrito; ninguém lhe deve prestar assistência, nem permanecer no mesmo teto que o abrigar, nem dele se aproximar dentro da distância de quatro jardas, nem ler nada por ele citado ou escrito por sua mão.

Espinosa foi abandonado até pela própria família. Seu pai o expulsou de casa, e a irmã entrou em litígio com ele por causa de uma questão de herança. Espinosa derrotou-a na justiça e, depois, mandou o dinheiro para ela. Era um homem a quem não importavam os bens materiais. Recusou ofertas das universidades cristãs que o pretendiam como professor, desde que ele, naturalmente, renunciasse às suas ideias pouco convencionais para a época. Recusou até um patrocínio de Luís XIV, o Rei Sol. Espinosa vestia-se de forma simples, comia pouco, viveu o resto de seus dias num sótão na casa de amigos, trabalhando no polimento de lentes. Escreveu quatro livros essenciais. Não era dono de um texto escorreito, como Freud. Era um matemático escrevendo. Mas o conteúdo, ah, pelo conteúdo vale a pena o sacrifício.

Espinosa morreu aos 44 anos de idade, de tuberculose, sozinho em seu quarto no sótão. O fim suave de uma existência atribulada, que pouca duração teve neste mundo. O suficiente, porém, para modificá-lo para sempre.

O passeio do filósofo

Este Espinosa. Levaria quase um século para que a Humanidade reunisse no mesmo cérebro massa cinzenta tão poderosa. O que aconteceu em Königsberg, cidade de quatrocentos mil habitantes então situada na Alemanha, mais precisamente na Prússia, a Esparta germânica. König, em alemão, é rei. Berg, montanha. Königsberg: montanha do rei.

O rei desta montanha foi um frágil professor nascido no século XVIII. Immanuel Kant. Ainda hoje, nessa cidade que os russos tentaram exterminar na Segunda Guerra Mundial, existe uma alameda flanqueada por tílias que é chamada de "O Passeio do Filósofo". Porque nesse aprazível corredor Kant passeou durante todas as tardes da sua longa vida. Ou quase todas, pois Kant dificilmente saía de Königsberg, apesar de ter recebido várias e tentadoras propostas de emprego de importantes universidades alemãs.

Os vizinhos de Kant acertavam seus relógios por ele. Quando o viam sair de casa dentro do seu casaco cinza e apoiado em sua bengala, sabiam que eram exatamente 15h30. Kant estava começando a infalível caminhada de todos os dias. Se o tempo ameaçava chuva, Lampe, o fiel criado do filósofo, corria aflito atrás dele, com um guarda-chuva a postos. Kant levava os passeios muito a sério, como medidas profiláticas.

Aos setenta anos, escreveu *Sobre o poder da mente para dominar a doença pela força de vontade*, título que talvez não seja lá muito atraente, mas que ao menos diz o suficiente a respeito do livro.

Um dos principais conselhos de Kant para uma pessoa manter a saúde sólida feito os exércitos de Bismarck era respirar só pelo nariz. Quando fazia frio durante suas caminhadas (e na Alemanha faz frio em três quartos do ano), ele não respondia a nenhuma pergunta, de nenhum ser vivente, exatamente para não ter que haurir o oxigênio pela boca. Todo dia ele fazia tudo sempre igual. Acordava sempre à mesma hora, vestia-se da mesma forma, comia a mesma comida, frugal, prussiana. Tinha pouco mais de metro e meio de altura, era modesto, tímido e hesitante com relação às mulheres. O que talvez não passasse de ladinice do professor. Cogitou casar duas vezes. Mas pensou tanto que ambas as pretendidas se cansaram. A primeira se casou com outro, a segunda mudou-se de Königsberg. Kant, assim, comprovou na prática que o adágio popular "quem pensa não casa" pode ser vulgar, mas que funciona, funciona.

Além de um novo sistema de pensamento, Kant inventou um mecanismo para prender as meias com fitas que escalavam pelas pernas, imiscuíam-se através dos bolsos das calças e terminavam em molas adaptadas dentro de pequenas caixas. Para você ver como era importante prender as meias no século XVIII.

Aos 57 anos, depois de uma década e meia de trabalho, Kant publicou um livro que revolucionaria a filosofia, *Crítica da razão pura*. Em oitocentas ásperas páginas, o professor de Königsberg criticava a filosofia racionalista que vinha se desenvolvendo na Europa desde Espinosa. Estavam equivocados os que diziam que o cérebro é uma massa disforme pronta para ser moldada pela experiência mundana, e exclusivamente pela experiência mundana. O exterior molda-nos o cérebro e a alma, sim, mas o homem tira conclusões qualificadas das suas impressões. O homem seleciona suas experiências, a fim de extrair deduções delas. São milhares os sons captados pelo ouvido humano, mas só alguns são os escolhidos para ser escutados. O tique-taque do despertador não é percebido, a não ser que se preste atenção nele. O gotejar da torneira da cozinha não incomoda, desde que não se lhe dê importância. Assim acontece com tudo o que o homem vê, ou sente pelo tato, ou pelo olfato. O homem cataloga suas sensações, decide quais são as mais úteis e as utiliza de acordo com critérios que existem *a priori*, ou seja, antes da experiência. Quer dizer: existe algo além do cérebro, da experiência e da razão pura.

Esse "algo" é a moral. Kant era uma pessoa boa. Acreditava que, acima da razão e acima da religião, estaria a moral, incitando o homem a fazer o certo, mesmo que isso lhe acarretasse desvantagem pessoal. O homem intuiria que, para viver em sociedade, para que a própria vida fosse possível, teria de respeitar certas regras intrínsecas a todo grupamento humano.

Isso *grosso modo*. É um tanto injusto e impreciso resumir o trabalho de uma vida em dois parágrafos. A solução é ler Kant. Bem, talvez você não queira encarar as oitocentas páginas que consumiram quinze anos da vida do pequeno filósofo de Königsberg, e ninguém irá criticá-lo por isso. Quando concluiu o original,

Kant entregou-o a um amigo de quem respeitava a opinião. Passados alguns dias, o amigo devolveu-lhe o cartapácio alegando temer que, se prosseguisse com a leitura, poderia enlouquecer. Se você não quiser correr o mesmo risco, apele para alguns bons resumos, como a ótima coleção que a Editora Abril lançou sobre filosofia nos anos 80, "Os Pensadores". Deve haver em algum sebo.

Kant trabalhou até muito depois dos setenta anos de idade. Morreu aos oitenta, no início do século XIX, atacado por uma demência suave que o fez se evolar desse mundo na paz dos filósofos.

O pessimista

Immanuel Kant foi um homem pequeno, metódico e discreto. Suas oito décadas de existência teriam sido apenas monótonas, se sua mente poderosa não concebesse uma estrutura de pensamento tão revolucionária como foi a *Crítica da razão pura*.

Baruch de Espinosa, da mesma forma, foi um indivíduo pacífico e desapegado dos prazeres mundanos. Sua filosofia, porém, escandalizou seus contemporâneos a ponto de o amaldiçoarem.

Eram, um e outro, homens cheios de generosidade para com a raça humana.

Arthur Schopenhauer e Friedrich Nietzsche, não. Ambos foram amargos senhores alemães, ressentidos com a falta de reconhecimento e com as vicissitudes da vida.

Schopenhauer influenciou Nietzsche, Freud e todos esses psicanalistas que atendem às madames nos bairros nobres das capitais, embora muitos deles não saibam disso.

Schopenhauer era um pessimista – o maior deles. E tinha razão para tanto – a melhor delas: sua mãe (a dele). Johanna Schopenhauer, a mãe de Arthur, era uma mulher bonita e inteligente. O pai, Heinrich, trabalhava como comerciante e, ao que tudo indica, não se entusiasmava muito com sofisticações intelectuais.

Talvez tenha sido por isso que Schopenhauer disse mais tarde, muito em causa própria, que o intelecto se herda da mãe e o caráter, do pai.

Em 1805, Heinrich morreu, provavelmente pelas próprias mãos. Arthur, então com dezessete anos, identificou a mãe como culpada pelo desespero do pai. Ela pouco ligou. Ao contrário, demonstrou estar muito contente com sua nova liberdade. Mudou-se da provinciana Hamburgo para a esfuziante Weimar, abriu um salão a fim de promover saraus e adotou a prática do amor livre, para gáudio da intelectualidade alemã.

Além de rosetar por Weimar, Johanna escrevia romances que se tornaram bastante populares na Alemanha do século XIX. Arthur, no entanto, desprezava o sucesso literário de Johanna e desaprovava seu estilo de vida. Eles viviam brigando.

Arthur não frequentava muito as festas promovidas pela mãe, mas foi a uma delas e conheceu Goethe, que já era o Goethe que, no futuro, daria nomes a institutos e avenidas. Goethe ficou impressionado com o rapaz, sugeriu-lhe algumas teses, às quais Arthur se dedicou com devoção, e fez uma previsão para Johanna:

– Esse seu filho ainda vai ser grande!

Para quê! A flecha negra da inveja penetrou fundo no coração de Johanna, depois daquela frase do poeta imortal. A rivalidade entre ela e o filho se acentuou. Um dia ela disse em público que o livro que o filho escrevera por sugestão de Goethe "não passava de um tratado de farmácia". Arthur reagiu prevendo que no futuro ela só seria conhecida por ter sido mãe dele.

Arthur estava certo.

Numa carta que escreveu para Arthur, Johanna foi sincera a ponto de ser cruel: "Você é insuportável e incômodo. É muito difícil viver a seu lado. Todas as suas boas qualidades são ofuscadas pelo seu convencimento e tornadas inúteis para o mundo simplesmente porque você não pode conter sua propensão a achar defeitos nos outros".

A perfeita descrição de um chato.

Um dia, filho e mãe discutiram ferozmente, Johanna se irritou e empurrou Arthur escada abaixo. Ele rolou até o último degrau, levantou-se, bateu a poeira do terno e jurou nunca mais tornar a vê-la. Johanna viveu ainda 25 anos, e Arthur cumpriu a promessa.

Johanna pode não ter sido uma boa mãe, mas devia estar certa na sua avaliação a respeito da chatice de Arthur. Décadas mais tarde, escrevendo sobre Schopenhauer, Nietzsche disse o seguinte: "Ele estava absolutamente sozinho, sem um só amigo; e entre um e nenhum existe o infinito".

Há que se desconfiar de um homem sem amigos.

De fato, Schopenhauer não era popular. Quando mudou-se para Frankfurt, arranjou um poodle que chamava de Atma (a alma do mundo, para os hindus). Os gaiatos da cidade, porém, chamavam o cão de "jovem Schopenhauer". Nunca teve uma relação séria com uma mulher. Saciava seus ardores com prostitutas, que colhia nas ruas e levava para a pensão onde morava. Nesta pensão viviam também algumas senhoras que, como autênticas senhoras de pensão, adoravam se meter na vida dos vizinhos.

Quando Schopenhauer subia as escadas do prédio com alguma das suas namoradas de uma única noite, as velhas senhoras deslizavam para os corredores, a fim de ver quem era a rameira, que aspecto tinha, quem sabe murmurar, em desaprovação:

– Hackepettertelefunkemwolksadolfhamschnitzel!!!

Que significa, mais ou menos, "que pouca vergonha", em alemão.

Schopenhauer se irritava grandemente com isso, no que, aliás, tinha toda a razão. Mas não teve razão no dia em que atirou uma das velhotas pela escada, a gente não deve atirar velhotas pela escada. Ela se quebrou toda lá embaixo, gritou, chorou, foi um escândalo. O pior foi que processou Schopenhauer. A Justiça, insensível para com as necessidades e as dores d'alma de um filósofo solitário, condenou-o a pagar uma pensão anual para a velha enxerida enquanto ela vivesse. Schopenhauer, olhando para o estado precário em que a velha senhora se encontrava, sobretudo depois de ela ter quicado pela escadaria, calculou que não teria grande prejuízo. Contra todas as expectativas e anseios, porém, ela se recusou a morrer. Schopenhauer a sustentou durante vinte anos e, sempre que chegava o dia de pagar a pensão, ele ficava comoventemente deprimido.

O pior é que Schopenhauer alimentava ilusões acerca de sua popularidade. Certa feita, ele foi convidado a lecionar na Universidade de Berlim. Nessa mesma universidade lecionava Hegel, o filósofo formulador da dialética. Dialética, você sabe, não é? Você tem uma tese. A essa tese se contrapõe uma antítese, que é o oposto da tese apresentada. Da luta entre a tese e a antítese chega-se à síntese, que é o meio-termo. Até que este meio-termo, a síntese, se transforma em outra tese, para qual haverá outra antítese, da qual surgirá outra síntese, e assim por diante. Trata-se de uma ideia muito engenhosa, sem dúvida.

Pois bem, Hegel já era muito reconhecido na Alemanha, quando Schopenhauer conseguiu a vaga na Universidade de Berlim. Exatamente por isso, Schopenhauer o odiava. A respeito da forma como Hegel expunha suas teorias (ou teses), Schopenhauer escreveu o seguinte:

> O público foi compelido a ver que aquilo que é obscuro nem sempre é sem importância. Fichte e Schelling se aproveitaram disso e excogitaram magníficas teias de aranha de metafísica. Mas o cúmulo da audácia de arquitetar puros disparates, de aglomerar emaranhados de palavras extravagantes e sem sentido, viu-se afinal em Hegel e tornou-se o instrumento da mais deslavada e geral mistificação de que já houve notícia, com um resultado que parecerá fantástico para a posteridade e constituirá o monumento da estupidez germânica.

Nossa! Não é preciso dizer mais nada para provar que havia certa rivalidade entre Schopenhauer e Hegel, pois não? E, a fim de aplicar um golpe em Hegel, Schopenhauer decidiu ministrar aulas no mesmo horário que ele. A ideia, obviamente, era medir quem tinha maior popularidade.

Dez a zero para Hegel.

Apenas quatro alunos se matricularam para assistir às aulas de Schopenhauer. Depois de um semestre, decepcionado, nosso filósofo pediu demissão.

Schopenhauer, portanto, tinha bons motivos para ser pessimista. Mas ele só foi encontrar fertilizante intelectual para o pessimismo ao conhecer as religiões orientais: o hinduísmo e, especialmente, o budismo. A filosofia de Schopenhauer, que vou resumir agora, é toda cimentada pelo budismo.

E é genial.

Schopenhauer desenvolveu sua filosofia num livro intitulado *O mundo como vontade e representação*. A maioria dos filósofos coloca o pensamento como atividade central e condutora do homem na Terra. Segundo Schopenhauer, eles estão errados. Mais forte do que o pensamento é a vontade. Os racionalistas pregavam que a vontade do homem se adequava ao seu pensamento. Schopenhauer ensinava o contrário: o pensamento se molda de acordo com a vontade. Nós não desejamos algo por termos razões para isso; arranjamos razões para desejar algo. "A vontade é um cego vigoroso que carrega aos ombros um aleijado que enxerga."

Freud bebeu dessa fonte e chamou de desejo a vontade expressa por Schopenhauer.

O desejo. Para Schopenhauer e, antes dele, para os budistas puros, o desejo é a fonte de todo o sofrimento. Porque o desejo motiva o homem a lutar para alcançar um objetivo (a satisfação do desejo). E, assim que o homem o alcança (isto é, quando satisfaz o desejo), o desejo cessa, a motivação cessa e cessa a expectativa do prazer. A satisfação do desejo, tão ambicionada, nada mais é do que o fim da dor causada pelo próprio desejo. Satisfeito um desejo, o homem logo se encarrega de produzir a necessidade de satisfazer um novo desejo, e recomeça a luta, e recomeça a dor.

Assim, quanto menos um homem desejar, menos ele sofre. O que explica todo o mecanismo da vida: existe em nós uma pulsão de vida, que é a vontade (ou o desejo), e uma pulsão de morte, que é a cessação de toda a vontade com o fim de obter a beatitude completa, a felicidade da não existência. Porque só aquele que não deseja está completamente integrado à Natureza, elevado ao Nirvana das coisas que simplesmente são, não ambicionam vir a ser.

Isso é budismo! Isso é Freud! E isso é genial.

Schopenhauer logo identificou o maior inimigo desse estado de elevação do ser humano: a mulher. E, apesar de fazer formulações horrendamente misóginas, ele estava certo, certíssimo. A mulher é o inimigo natural da elevação ao Nirvana, porque o Nirvana é a ausência de todo o desejo, é o não existir, e a mulher é o agente da vida. O instinto da vida, a vontade, o desejo de existir, isso tudo é a essência da mulher. Schopenhauer não suportava a alma da mulher e temia seus poderes:

> Com as moças, a Natureza parece ter tido em vista o que, na linguagem do teatro, é chamado de efeito de impacto, uma vez que durante alguns anos ela as dota de uma abundância de beleza e é pródiga na distribuição de encantos, à custa de todo o resto da vida delas, para que durante aqueles anos

> elas possam captar a simpatia de algum homem a ponto de fazer com que ele se apresse a assumir o honrado dever de cuidar delas enquanto viverem, um passo para o qual não pareceria haver uma justificativa suficiente, se ao menos a razão dirigisse os pensamentos do homem. Aqui, como em qualquer outra parte, a Natureza age com sua economia usual; porque assim como a fêmea das formigas depois da fecundação perde as asas, que então são supérfluas, a mulher, depois de dar à luz um ou dois filhos, em geral perde a beleza. Asas e beleza são um perigo para a criação dos filhos.

Schopenhauer, cara! Dê uma lida em Schopenhauer. Nem é difícil, ele escreve muito melhor do que Espinosa e Kant.

Mesmo assim, sua grande obra não fez sucesso algum. Vendeu cem cópias, o resto da edição permaneceu encalhado por quinze anos e finalmente foi vendido a quilo, como papel velho. Mas, nos últimos capítulos da sua vida, Schopenhauer alcançou a fama inesperada. Publicou *Parerga e Paraliponema*, obra repleta de aforismos e conselhos sobre como viver bem. Caiu nas graças do público. Tornou-se, enfim, uma celebridade. Nos últimos nove de seus 72 anos de vida, Schopenhauer reconciliou-se com o mundo.

Lou, a sedutora

Finalmente, Friedrich Nietzsche. Tornou-se o filósofo da moda do século XXI graças a um best-seller do psiquiatra Irvin Yalom, *Quando Nietzsche chorou.* Há quem o considere menos filósofo e mais poeta, e não são poucos estudiosos que fazem esta imagem dele.

Sabe por quê?

Porque é verdade.

Nietzsche foi um grande frasista, um formulador de aforismos geniais, que subvertem o senso comum, estimulam a inteligência e fazem pensar. Introduziu a loucura na filosofia, transformando-a em um ponto de vista do filósofo, e, desta forma, transformou a filosofia. Foi importante, portanto. Mas não conseguiu construir uma estrutura de pensamento que tocasse a alma humana, que deslindasse algum dos mistérios da existência. Não amarra a botina esquerda de um Kant, um Espinosa, um Schopenhauer.

Porém, e é este porém que faz com que Nietzsche seja incluído no livro que você está lendo agora, ele era um homem de sensibilidade extremada e, graças a ela, intuiu uma verdade fundamental. Essa verdade, da qual vou falar em algumas linhas, Nietzsche a alcançou a custa de muito sofrimento. No livro de Yalom, boa parte da dor de Nietzsche é atribuída à relação sentimental frustrada que ele teve com a russa Lou Salomé. E, embora o livro do psiquiatra seja uma ficção baseada na realidade, os tormentos que o caso com a russa acarretaram ao filósofo provavelmente são mais realidade do que ficção.

Lou Salomé poderia estar incluída entre as mulheres que protagonizam este livro. Preenchia diversos requisitos. Em primeiro lugar, era lindíssima. Nasceu em São Petersburgo, na Rússia. O que diz muito. Sabe como são as russas. Olha, eu aqui sou de um estado célebre pela beleza de suas mulheres, o Rio Grande do Sul, cadinho de uma abençoada mistura de raças: italianos com alemães com espanhóis com portugueses com negros. Mexa isso tudo e o resultado serão Giseles Bündchens, Anas Hickmanns, Fernandas Limas, Letícias Bierkheuers e anônimas luzidias que desfilam pelos shoppings dentro de minissaias sumárias, dançam com os bracinhos levantados nas boates e usam biquínis minúsculos nas fímbrias do Atlântico, mulheres de pernas longas, torneadas e macias, de nádegas redondas e firmes, de seios... bem, você sabe. Também já estive em outros lugares onde há mulheres lindas em abundância, como Roma e algumas cidades colombianas (não me venha com Paris, que as francesas são um pouco aguadas). Agora, as russas e ucranianas, realmente, são top de linha. Se você não conhece nenhuma russa ou ucraniana, pense nas tenistas do terceiro milênio. Maria Sharapova. Anna Kournikova. Assim são as russas.

Assim era Lou Salomé.

Não foi à toa que Nietzsche se apaixonou por ela. A forma como eles se conheceram foi curiosa.

Lou era amiga do filósofo Paul Rée, que era amigo de Nietzsche. Ela e Rée estavam em Roma, e Nietzsche na Alemanha. Rée escrevia cartas para Nietzsche fazendo propaganda de Lou Salomé. Aquela coisa de amigo. Hoje, Rée mandaria um e-mail para Nietzsche: "Tem que ver essa mulher, cara. Tem que ver!"

A verdade é que Paul Rée já estava apaixonado por Lou Salomé. Tecia-lhe poemas, fazia declarações de amor. Ela gostava, mas negaceava, como fazem sempre as mulheres mais espertas. Ou seja, todas.

Nietzsche empolgou-se com a empolgação do amigo e tocou-se para Roma sem avisar ninguém. Ao chegar à cidade eterna, disseram-lhe que Paul Rée e Lou estavam estudando numa capelinha da Basílica de São Pedro, onde dispunham de silêncio e privacidade. Lá se foi Nietzsche para o Vaticano. Encontrou os dois absortos, lendo. Fez o seguinte: antes de se apresentar, antes mesmo de pronunciar qualquer palavra, tomou a mãozinha delicada de Lou Salomé nas mãos, olhou-a com aquele jeito que Nietzsche olhava, e tascou:

– De que estrelas caímos nós para nos encontrar aqui?

Beng! Um a zero para Nietzsche. Não é meio parecido com o que escreveu um poeta brasileiro, Castro Alves, no seu imortal poema "Navio Negreiro"?

> Onde estás, que não respondes?
> Em que estrela tu te escondes?

Mas não deve ser plágio de Nietzsche. Coincidência, só. O que interessa é que a abordagem prova que nosso filósofo era muito malandrinho. Preparou criteriosamente uma chegada triunfal só para impressionar a moça. Conseguiu. Lou Salomé ficou encantada com Nietzsche. Não se largavam mais. Saíam os três pela Europa, formaram o que eles chamavam de "Santa Trindade", e chegaram a pensar em morar juntos em Viena ou em Paris. Um escândalo para o século XIX.

Como era de se esperar, os dois, Paul e Friedrich, ficaram loucos por Lou. Ela, por outro lado, vivia a dizer para os dois filósofos o pior que uma mulher pode dizer para um homem: que só queria a amizade deles. Mais até: Lou jurava que era virgem, nessa época.

Sei.

Cá entre nós: é claro que Lou se insinuava para os dois e que, vez em quando, tirava uma casquinha com um e outro. A prova é que, certa feita, eles estavam nos arredores de Milão e Lou e Nietzsche ficaram sozinhos. Foram dar um passeio num monte que havia nas proximidades. Coisa rápida, disseram. Ficaram passeando bem mais do que a uma hora que se levava para percorrer o lugar. Ao voltarem, Nietzsche flutuava. Mais tarde Lou deu uma declaração sacana:

– Não me lembro se beijei Nietzsche durante o passeio...

Agora, me diga uma coisa: você já viu alguma foto do Nietzsche? Já viu o bigode que ele usava? Por favor! Tem uma foto dele, ele e a mãe, em que o bigode do Nietzsche está com uns quatro dedos de largura, despencando queixo abaixo. O grande Roberto Rivellino, famoso por ser o melhor jogador de futebol do mundo depois de Pelé e pela frondosidade de seu bigode, jamais acalentou um bigode da espessura do de Nietzsche. Pois é. Então, imagine uma mulher beijando um homem com um bigode desses. Ela ia esquecer? Ia???

São todas iguais. Até as filósofas.

Esse foi o tempo mais feliz da vida de Nietzsche. Andava faceiro entre a Alemanha e a Suíça, ria com facilidade, chegou a musicar um poema escrito por Lou – Nietzsche amava a música de uma forma como só os alemães sabem amar, muito de sua vida foi marcada pelo compositor Richard Wagner.

Mas o poema de Lou Salomé. É muito bonito:

> Claro, como se ama um amigo
> Eu te amo, vida enigmática –
> Que me tenhas feito exultar ou chorar,
> Que me tenhas trazido felicidade ou sofrimento,
> Amo-te com toda a tua crueldade,
> E se deves me aniquilar,
> Eu me arrancarei de teus braços
> Como alguém se arranca do seio de um amigo.
> Com todas as minhas forças te aperto!
> Que tuas chamas me devorem,
> No fogo do combate, permite-me
> Sondar mais longe teu mistério.
> Ser, pensar durante milênios!
> Encerra-me em teus dois braços:
> Se não tens mais alegria a me ofertar
> Pois bem – restam-te teus tormentos.

Talentosa, a moça, não?

Dessa fase de enlevo de Nietzsche e Paul Rée por Lou Salomé há uma foto famosa do trio na belíssima cidade suíça de Lucerna: Lou está aboletada em uma charrete, fazendo as vezes de cocheiro. Nietzsche e Rée estão a cabresto, como se fossem a animália a puxar o carro. Na mão direita, Lou empunha um chicotinho e o ergue, ameaçadora, como se estivesse prestes a espancar seus cavalinhos. Nietzsche e Paul Rée, os cavalinhos, postam-se lado a lado, têm os braços envoltos por uma

corda, segura pela mão esquerda de Lou. Paul Rée e Nietzsche estão encilhados. São as bestas de carga de Lou Salomé.

Veja o que uma mulher bonita é capaz de fazer com um homem. Com qualquer homem, mesmo com filósofos, sendo que um deles desenvolveu a ideia do Super-Homem. Mulher nova, bonita e carinhosa faz um homem gemer sem sentir dor, como dizia Zé Ramalho numa música melosa cantada pela irmã dele.

Por todas essas, Nietzsche cometeu um erro grave na sua relação com Lou Salomé: pediu-a em casamento. Não seria o primeiro, nem o último. E não seria o primeiro nem o último a quem Lou responderia com um redondo não. A alegria de Nietzsche acabou ali.

Lou Salomé seguiu sua vida independente, usando apenas o seu charme para nocautear homens por onde passasse. Paul Rée, também rejeitado, acabou se afastando dela, e essa perda Lou chorou pelo resto da vida. Depois, ela se casou com o professor Andreas, de quem ganhou o nome (Lou Andreas Salomé). Esse era ainda mais apaixonado por ela. Disse que, se ela o abandonasse, ele se mataria. Lou disse que, tudo bem, não o abandonaria, mas não tinha interesse nenhum em fazer sexo com ele. Andreas topou o arranjo e casou-se com ela assim mesmo, esperando, na certa, demovê-la dessa decisão esdrúxula com o passar do tempo. Lou garantiu que nunca, nunca!, fez sexo com o marido.

Sei.

Mas fez com outros, com o conhecimento e o consentimento do nosso bom professor. Um dos agraciados foi o poeta Rainer Maria Rilke, bem mais jovem do que ela, e outros e outros e mais outros, até que conheceu Freud e se tornou, primeiro, discípula dele, depois, colega psicanalista. A amizade com Lou Salomé foi muito presente durante 25 anos da vida de Freud. Ela é citada em todas as boas biografias do criador da psicanálise. No excelente livro sobre Freud escrito por Peter Gay, *Uma vida para o nosso tempo*, há uma foto de Lou Salomé por volta dos 35 anos de idade. Muito linda. E na alentada edição do *Diário de Freud*, escrito entre 1929 e 1939, encontra-se outra foto de Lou Salomé perto dos setenta anos. Continua linda.

Lou Salomé. Eis uma mulher que fez tremer o mundo na sua época. Mas o assunto é Nietzsche, e em homenagem a ele vou abrir outra seção. Aí vai:

Nietzsche

Depois do fracasso amoroso, o filósofo fumou ópio, pensou em se matar e, finalmente, portou-se como homem e reagiu escrevendo seu principal livro, *Assim falou Zaratustra.* "Esta obra não tem igual", escreveu Nietzsche sobre seu próprio livro. "Talvez nunca uma outra coisa tenha sido produzida com tamanha superabundância de força. Se todo o espírito e toda a bondade de toda grande alma fossem reunidos, o conjunto não poderia criar um só dos discursos de *Zaratustra.*"

Nietzsche tinha ótima opinião a respeito dele mesmo, como se vê. Seus contemporâneos nem tanto. O livro não chegou a vender cinquenta exemplares. Naquela época, Nietzsche contava com tão poucos amigos que só encontrou sete para quem mandar cortesias. Um agradeceu. Nenhum elogiou.

Em *Zaratustra*, Nietzsche escreve em estilo bíblico, grandiloquente. Trata-se de uma pregação. O livro não é muito volumoso, o texto não é difícil e contém passagens desconcertantes que valem a leitura. Tipo:

> Muitos morrem tarde demais, e alguns demasiado cedo. A doutrina que diz: "Morre a tempo!" ainda parece singular. Morrer a tempo: eis o que ensina Zaratustra. Claro que aquele que nunca viveu a

tempo, como há de morrer a tempo? O melhor é não nascer. Eis o que aconselho aos supérfluos.

Zaratustra anuncia a vinda do Super-Homem, o homem além do homem, acima da bondade cristã, da humildade e da piedade. Um homem de força, de poder, de energia. Este:

> Hoje, os pequenos tornaram-se senhores: todos pregam a resignação e a modéstia e a prudência, e a aplicação, e as considerações, e as virtudes pacatas. O que é de espécie feminil, o que procede de servil condição, e mormente a turba plebeia, é o que quer agora assenhorear-se do destino humano. Horror! Horror! Horror! (...) Ó meus irmãos! Subjugai-me esses senhores atuais, subjugai-me essa gentinha: são o maior perigo para o Super-Homem. Homens superiores, dominai as virtudes enganosas, as considerações com os grãos de areia, o bulício de formigas, a ruim complacência, a "felicidade dos outros"! A ter de vos renderes, preferi desesperar. Amo-vos deveras, homens superiores, porque hoje não sabeis viver! Pois assim viveis... melhor!

Aí está. Era esse o porém do qual falei lá atrás. Essa a verdade fundamental percebida por Nietzsche. Porque o Super-Homem que ele pregava era ninguém menos do que o *Homo sapiens* no tempo do seu amigo Neanderthal. Diria até: o Super-Homem de Nietzsche era mais próximo do Neanderthal do que do Sapiens. Do que de nós.

O decisivo foi que Nietzsche compreendeu que a civilização emascula o homem. A Civilização, essa invenção da mulher, quanto mais se infiltra no espírito do homem, mais o efemina. Quanto mais civilizado é o homem, menos homem ele é.

Espinosa, Kant, Schopenhauer e Nietzsche. Todo um ciclo filosófico completo. Quatro homens poderosos marcados pela influência da mulher. Porque, se não fossem as desilusões que todos eles tiveram com as mulheres, nenhum deles comporia a obra majestosa que compôs. As desilusões os levaram à mais alta filosofia. Ao mesmo tempo, se eles fossem bem-sucedidos no amor, não teriam energia para filosofar. Estariam paparicando suas mulheres, cuidando

dos filhos, sendo mediocremente felizes. A intensidade da vida familiar não combina com a obra do gênio.

E é isso que nos leva de volta aos gregos. Aos atenienses, sobretudo. Eles sabiam disso! Sabiam que um homem, para alcançar o zênite no pensamento político, na filosofia, no teatro, nas artes e na música, não pode se dedicar com intensidade à mulher. Ninguém pode ter dois senhores, ensinou Jesus cinco séculos depois do Século de Péricles. Os atenienses decidiram qual era o seu senhor: era o sonho do pensamento e das artes que os levava de volta à época de ouro anterior à fundação da civilização. Ao Neanderthal.

Por isso Aspásia foi tão odiada. E nem tanto pelos homens. As mulheres é que a execravam. Porque, com toda a sua insuportável liberdade, Aspásia extinguia os privilégios das senhoras casadas e das mães. Das mulheres de Atenas.

O pior é que os gregos, como quaisquer homens civilizados, eram muito suscetíveis ao poder da mulher. A maior prova disso foi Frineia.

Frineia, a que chorava sorrindo

Como já disse, Frineia foi uma belíssima cortesã grega. Vestia-se com simplicidade, o que só lhe ressaltava as curvas perfeitas. Seu olhar melancólico comovia os homens, que a chamavam de *clausigelos*, ou "a que chora sorrindo". Ou lacrimosa-risonha, como você preferir.

Conta o historiador Plínio, o Velho, que, um dia, a cidade de Cós encomendou uma estátua de Afrodite, a deusa do amor e da beleza, ao famoso escultor Praxíteles. Famoso e esperto. Praxíteles era um dos amantes de Frineia. Sabia, portanto, que não havia mulher mais formosa em todas as ilhas gregas e adjacências. Pediu que Frineia posasse para ele, e ela topou, que felicidade. Praxíteles fez duas Afrodites, uma nua, outra vestida. Os habitantes de Cós acharam uma imoralidade a Afrodite nua e preferiram a vestida. Já os de Cnidos ficaram com a nua. Gol de Cnidos. A estátua da Afrodite nua de Cnidos tornou-se a mais célebre escultura da Antiguidade. Romeiros de toda a Hélade faziam peregrinações a Cnidos para ver a estátua e alguns até se apaixonavam por ela, gregos tarados.

A beleza de Frineia motivava de tal forma a clientela que ela enriqueceu. A ponto de suceder o seguinte: lembra da tal música melosa do Zé Ramalho?

Ela dizia que Alexandre, figura desumana, fundador da famosa Alexandria, conquistava, matava e destruía quase toda a população tebana. E foi mesmo. Quando Tebas se rebelou contra Alexandre Magno, ele, que já estava a caminho da Pérsia, voltou em tempo recorde à frente dos seus exércitos e, como punição, arrasou a cidade prédio a prédio, passou no fio da espada os soldados que participaram da resistência e escravizou alguns milhares de mulheres e crianças. Frineia, dona de um coração dadivoso, se ofereceu para reerguer a muralha de Tebas às suas expensas. Pagaria tudo, apenas com uma condição. Que na base da muralha fosse inscrito: "Destruído por Alexandre; reconstruído por Frineia". O povo de Tebas, temendo a posteridade maledicente, recusou.

Fortuna, sucesso, beleza e fama, tudo isso possuía Frineia. Transformando-a, evidentemente, em alvo ideal para a inveja do próximo. Donde um certo Eutias, a quem Frineia deve ter repudiado, acusou-a de impiedade. Acusação grave – a pena era a morte. O advogado Hipérides, conhecido causídico grego, ofereceu-se para defendê-la. Não por acaso: Hipérides também se refestelava nos coxins e almofadas de Frineia. Mas, a despeito de toda a

habilidade de oratória do causídico, os jurados pareciam inclinados a condená-la.

Hipérides estava desesperado, não sabia mais o que fazer. Foi então que, *in extremis*, convocou Frineia para postar-se em frente aos jurados. Ela foi, linda e obediente. Aí, num gesto brusco, de um único puxão, arrancou a túnica da ré, deixando-a nua como uma coelhinha da *Playboy*. Os jurados eram duzentos homens. Diante daquele espetáculo, disseram, em grego:

– Ooooohhhhhhhh...

Ao que Hipérides indagou aos julgadores se eles acreditavam que aquela perfeição seria capaz de cometer um único ato merecedor de censura. Os jurados, sem fôlego, responderam que não, de jeito nenhum, absolveram-na e agradeceram ao advogado pelo show. Frineia saiu do tribunal em triunfo, a fama da sua beleza espalhou-se por todas as ilhas gregas e a tornou ainda mais rica. E o advogado Hipérides, ah, esse se deu bem: as cortesãs de toda Atenas e arredores, agradecidas por sua atuação, anunciaram que, daquele dia em diante, ele era o herói delas, teria copa franca, boca livre e favores gratuitos. Hipérides viveu uma vida boa, que inveja de Hipérides.

Esse episódio inspirou nosso poeta Olavo Bilac, contemporâneo de Nietzsche, Lou Salomé, Freud, aquela turma toda. Olavo Bilac, que gostava muito de mulher, pode ser classificado como o Vinicius de Moraes do século XIX. Entusiasmado com a história de Frineia, ele escreveu o seguinte poema em seu livro *Sarças de fogo*:

Mnezarete, a divina, a pálida Frineia,
Comparece ante a austera e rígida assembleia
Do Areópago supremo. A Grécia inteira admira
Aquela formosura original, que inspira
E dá vida ao genial cinzel de Praxíteles,
De Hipérides à voz e à palheta de Apeles.

Quando os vinhos, na orgia, os convivas exaltam
E das roupas, enfim, livres os corpos saltam,
Nenhuma hetera sabe a primorosa taça,
Transbordante de Cós, erguer com maior graça,
Nem mostrar, a sorrir, com mais gentil meneio,
Mais formoso quadril, nem mais nevado seio.
Estremecem no altar, ao contemplá-la, os deuses,
Nua, entre aclamações, nos festivais de Elêusis...
Basta um rápido olhar provocante e lascivo:
Quem na fronte o sentiu curva a fronte, cativo...
Nada iguala o poder de suas mãos pequenas:
Basta um gesto – e a seus pés roja-se humilde Atenas...

Vai ser julgada. Um véu, tornando inda mais bela
Sua oculta nudez, mal os encantos vela,
Mal a nudez oculta e sensual disfarça
Cai-lhe, espáduas abaixo, a cabeleira esparsa...
Queda-se a multidão. Ergue-se Eutias. Fala,
E incita o tribunal severo a condená-la:

"Elêusis profanou! É falsa e dissoluta,
Leva ao lar a cizânia e as famílias enluta!
Dos deuses zomba! É ímpia! é má!" (E o pranto
ardente
Corre nas faces dela, em fios, lentamente...)
"Por onde os passos move a corrupção se espraia,
E estende-se a discórdia! Heliastes! condenai-a!"

Vacila o tribunal, ouvindo a voz que o doma...
Mas, de pronto, entre a turba Hipérides assoma,
Defende-lhe a inocência, exclama, exora, pede,
Suplica, ordena, exige... O Areópago não cede.
"Pois condenai-a agora!" E à ré, que treme, a branca
Túnica despedaça, e o véu, que a encobre, arranca...

Pasmam subitamente os juízes deslumbrados,
– Leões pelo calmo olhar de um domador curvados:
Nua e branca, de pé, patente à luz do dia
Todo o corpo ideal, Frineia aparecia
Diante da multidão atônita e surpresa,
No triunfo imortal da Carne e da Beleza.

O maior corno da história

Cláudio. Ecce homo. O maior corno da história da humanidade. O campeão dos campeões. O número 1. Que façanha magnífica! Em 120 séculos, jamais um homem foi tão chifrado, traído e guampificado pela mulher. Chifrado, traído e guampificado significam a mesma coisa, é como se dissesse que jamais um homem foi tão traído, traído e traído por uma mulher, mas uso os três adjetivos juntos para enfatizar que nunca, mas nunca mesmo, um homem foi vítima de adultério da forma como Cláudio foi. E com tudo testemunhado e documentado. Uma cornice pública, que entrou para a história e que segue sendo cantada pelos séculos.

Cláudio foi o cornudo clássico: todos os seus amigos, parentes, inimigos, conhecidos e até quem não o conhecia, todos sabiam. Menos ele. Além do mais, ele era corno, mas era feliz.

O nome Cláudio, ou, em latim, Claudius, devia ser sinônimo de chavelhudo, lunado, galhudo, chifrudo, guampudo ou, simplesmente, corno. Mas deu origem à palavra claudicante. Porque Cláudio era corno e manco. E gordo. E gago (chamavam-no Clau-clau-claudius). E feio como a necessidade. Apesar disso tudo, foi um dos césares romanos, o quarto de uma lista que chegou a 111, em 476 d.C. Governou entre dois dos imperadores mais degenerados da história de cinco séculos do império. Dois monstros. Antes dele, Calígula; depois dele, Nero.

Suetônio, que viveu no primeiro século da Era Cristã, escreveu o grande livro sobre a vida privada dos imperadores romanos, *A vida dos doze Césares.* É Suetônio quem conta o tipão que era Cláudio: "...sofreu de várias moléstias duradouras que lhe enfraqueceram de tal modo o espírito que ele chegou a ser considerado inapto para toda e qualquer função pública ou privada".

Nem a mãe de Cláudio, Antônia, gostava dele. Quando queria xingar alguém, ralhava:

– Você é mais cretino do que o meu filho Cláudio!

A pessoa se sentia muito ofendida.

Antônia era a filha que a imperatriz Lívia tivera antes de se casar com Augusto, o primeiro césar, já que Júlio César, que deveria ter sido o primeiro césar, era César, mas nunca foi césar.

Explico. Ocorre que, até Júlio César, Roma era uma república algo austera, militar e viril. Mas César foi, para Roma, o que Péricles foi para a Grécia. Ambos queriam tudo e, querendo tudo, puseram tudo a perder.

César não tinha muitos escrúpulos sexuais. Seus soldados marchavam atrás dele cantando:

> Escondam suas mulheres!
> Aí vem o calvo adúltero!

Tenho um amigo que também poderia ser chamado de calvo adúltero... Na lista das mulheres casadas seduzidas por César estão até as esposas de seus colegas de triunvirato, Crasso e Pompeu, e Servília, a mãe de Brutus, que se tornou seu filho adotivo. Adoção de filhos era prática comum na Roma antiga. O adotado, assim, levava adiante o nome da família. Até alguns escravos libertos tomavam emprestado o nome do antigo senhor, como uma espécie de homenagem.

Houve quem dissesse que Brutus era filho bastardo de César. Mentira. Quando o caso entre César e Servília começou, Brutus já espremia as acnes da adolescência.

Os senadores invejosos não cansavam de difamar César, principalmente um certo Curião, que devia ser um grandessíssimo otário. Aí é que está: esses sujeitos que não têm chance nenhuma com as mulheres, que mal e mal conseguem arranjar uma para casar, são esses os moralistas, os guardiães da monogamia, os inimigos dos homens livres. César era um homem livre, que gozava a vida, que vivia seus dias plenamente. Curião, como tantos, inclusive algumas bestas que você conhece, ficava olhando a vida passar, remoendo-se de desgosto. Foi Curião quem disse, no Senado, que César era "o marido de todas as mulheres e a mulher de todos os homens". Foi também Curião quem divulgou que César teve um caso com Nicomedes, o rei da Bitínia. Na presença de César, insinuou, o veneno escorrendo pela comissura dos lábios:

– Todos nós sabemos o que destes para Nicomedes.

O que destes para Nicomedes. Rimou.

Por conta disso, alguns senadores maldosos apelidaram Júlio César de "Rainha da Bitínia".

Chato.

Mas César estava pouco ligando para os detratores. Até porque foi ele quem se regalou com a melhor mulher da época, a lendária rainha Cleópatra.

A bela Cleo

Agora virou moda dizer que Cleópatra era feia, sobretudo depois da descoberta de uma moeda de prata de 32 a.C. em que está impressa a efígie dela. A moeda foi apresentada no começo de 2007 pela Universidade de Newcastle, na Inglaterra. A figura de Cleópatra aparece de perfil e embaixo está escrito: "*Cleópatra Reginae regum filiorumque regum*", ou "Cleópatra, rainha de reis e dos filhos dos reis". Belo título. Olhei bem para uma foto dessa moeda e, de fato, Cleópatra ali parece a síndica de um edifício onde eu morava, uma que os moradores chamavam de dona Medonha. Mas não considero a moeda prova suficiente da beleza de Cleópatra ou da falta de. Há outros indícios mais fortes de que ela era bela. Um, poderoso, é o que aconteceu no primeiro encontro da rainha com César, narrado por Plutarco.

O criado mais próximo de Cleópatra, o fortão siciliano Apolodoro, carrega-a nos ombros enrolada em um tapete (Plutarco diz que é um colchão). Diante de César, Apolodoro desenrola o tapete e... surpresa! É Cleópatra, no frescor de seus vinte anos, quem sai de dentro, nua e linda, apetitosa como o doce de leite que recheia o rocambole.

Marcus Lucanus, sobrinho de Sêneca, descreveu dessa forma o desfecho do lance de mestre do tapete:

> Confiante em sua beleza, Cleópatra mostrou-se, diante de César, aflita, mas sem derramar lágrimas. Da dor não havia tomado senão o que pudesse embelezá-la ainda mais. Com os cabelos despenteados e numa desordem favorável à volúpia, ela o aborda e fala nestes termos:
> "Ó, César, o maior dos homens! Se a herdeira de Lagos, expulsa do trono de seus pais, pode ainda, neste infortúnio, lembrar-se de sua condição; se tua mão se digna a restabelecê-la em todos os direitos do seu nascimento, é uma rainha que vês a teus pés".

César ficou encantado. Passou a noite com Cleópatra, e foi uma noite memorável. Uma noite de dois mil anos. Até porque Cleópatra era uma especialista em determinadas técnicas sexuais. A principal delas: a felação. Chamavam Cleópatra de Cheilon, ou "a que tem lábios grossos". Também a apelidaram de "Merochane", ou "boquiaberta". Cleo dominava tanto essa modalidade que, uma noite, satisfez cem romanos apenas se valendo de seus lábios de bergamota poncã. Contam que ela tinha o hábito de treinar com os escravos. Escolhia um que a agradasse, passava algumas horas testando posições e habilidades com o rapaz, exigia dele tudo o que ele podia oferecer e, em seguida, mandava executá-lo para que não saísse pelo Egito se exibindo. O escravo morria com a sensação do dever cumprido.

Para amaciar a pele e torná-la agradável ao toque, a rainha ora se banhava com leite de cabra, ora com litros de esperma de escravos núbios. Não sei por que os escravos tinham de ser núbios, vai ver o esperma de escravos núbios possuía alguma propriedade hidratante especial. Isso para você ver como as mulheres sofriam numa época em que não existia creme Nivea.

Em seus banquetes, Cleópatra dissolvia pérolas em vinagre e dava a beberagem aos convidados. Se ficava bom, isso a História não conta, mas dizem que o preparado é tão afrodisíaco que os banquetes terminavam em orgias caudalosas como o Nilo.

Uma mulher dessas faz um homem lamber os saltos das suas sandálias. Júlio César lambeu. Não saía mais do Egito, só queria saber de fazer festa com Cleópatra. A primavera de 47 ele passou em cruzeiros pelo Nilo, se regalando com a rainha, usufruindo dos prazeres do *dolce far niente*. Três ou quatro meses de boa vida, porém, não seriam suficientes para lhe amolentar o ânimo guerreiro. Quando Farnaces, rei do Ponto, aproveitou-se da estada prolongada de César no Egito e liderou uma revolta na Ásia, o velho general romano reuniu seus exércitos, marchou até lá e liquidou a tarefa em quatro horas. Surpreso com a rapidez daquela guerra, que poderia durar meses, César disse:

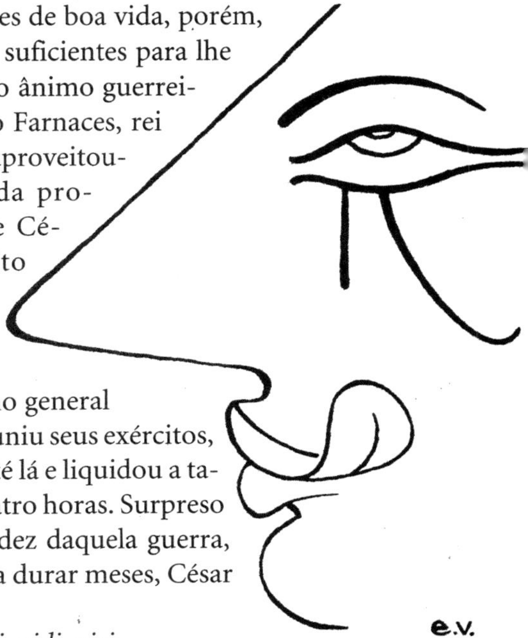

– *Veni, vidi, vici.*

O tal vim, vi e venci, que é menos uma bazófia, como a posteridade compreendeu, e mais uma manifestação de espanto do soldado com a brevidade da batalha.

As férias de César no Nilo acarretaram problemas também em Roma. Ele teve de voltar para a Itália. Voltou. Viu. Venceu. Só que, para a surpresa dos patrícios romanos, de repente Cleópatra também apareceu por lá. E a festa continuou. César a instalou em seu próprio palácio e saía com ela pelas ruas da cidade, Cleópatra sempre ricamente ajaezada, exuberantemente morena do sol do Egito. Agora, é importante ressaltar que a pele de Cleópatra não devia ter o tom jambo natural das egípcias. Porque ela era grega, descendente do general Ptolomeu, dos exércitos de Alexandre Magno. Morena clara, imagino. Pascal disse que a história do mundo seria outra, se o nariz de Cleópatra fosse menor. Um frasista do quilate de Júlio César, esse Pascal*. Foi ele quem criou aquela: "O coração tem razões que a própria razão desconhece". E aquela outra: "Quanto mais conheço as pessoas, mais gosto do meu cachorro". E uma que, suponho, Fernando Pessoa aproveitou ao escrever seu imortal "Mar Português": "Tudo é grande na alma grande".

Seja como for, a frase de Pascal contribuiu para a lenda de que Cleópatra tinha nariz grande, quem sabe até maior do que sua alma. Nisso, sim, acredito. O nariz um pouco grande, numa mulher, às vezes a torna assimetricamente sedutora. Vi o sarcófago de

---

* Blaise Pascal (1623-1662): filósofo, físico e matemático francês. (N.E.)

Cleópatra num museu de Londres: não era muito alta, passava pouco de 1m60cm. Então, você pode fazer uma boa imagem da rainha das rainhas: pouco maior de 1m60cm, lábios grossos, nariz proeminente, morena clara, pele macia. Já eu não preciso de todos esses dados. Para mim, Cleópatra sempre será Elizabeth Taylor, com seus olhos lilases, assim como Dom Pedro I sempre será Tarcísio Meira.

O envolvimento de Cleópatra com César mais a ânsia de César em se tornar rei acabaram por indispor parte de Roma contra ele. Seu assassínio, nos idos de março (15 de março) de 44 a.C., foi uma ocorrência previsível. E, embora Brutus tenha sido autor de uma das 23 punhaladas sofridas pelo ditador aos pés da estátua de Pompeu, embora Brutus tenha sido perseguido e derrotado pelo general Marco Antônio, embora Brutus não tenha sobrevivido mais de três anos após a morte de César, foram as gerações futuras que transformaram Brutus em símbolo de traição. Graças, é óbvio, à frase que César pronunciou no seu derradeiro suspiro:

– Até tu, Brutus, meu filho...

Para os romanos republicanos, contudo, Brutus foi um herói que lutou contra a tirania. Não tinham como imaginar que a tirania mal estava começando. Com a morte de Júlio César, o poder se diluiu num triunvirato formado por Marco Antônio, Lépido e Octávio.

A passagem de Lépido pelo governo foi, bem, lépida. Em pouco tempo, Marco Antônio, mais forte, e Octávio, mais inteligente, o afastaram e o enviaram para o exílio. Agora, era um ou outro: Marco Antônio ou Octávio. Cleópatra sabia disso e, para continuar se dando bem, seduziu Marco Antônio.

Escolheu errado.

Octávio venceu. Marco Antônio e Cleópatra se suicidaram juntos, comovendo Shakespeare, que, séculos depois, imortalizaria o romance entre o arrebatado general romano e a astuta rainha do Egito.

Agora, você que não é bobo como um Cláudio, pense: uma mulher feia conseguiria conquistar dois dos homens mais importantes do planeta na sua época? Conseguiria conquistar um Júlio César, o calvo adúltero, que amava as mulheres belas e as assediava e as arrastava para a cama, ainda que fossem casadas? Por favor! Alguns historiadores alegam: ah, mas Cleópatra era inteligente... Então, você aí me diga: você prefere uma Barbara Bush inteligente ou uma Angelina Jolie burra?

Esse é o problema dos historiadores. Eles acham que a História é uma ciência exata, que independe da ação humana. Eles não acreditam que o talento excepcional de uma pessoa possa ser decisivo no rumo da História. Eles querem tirar o homem da História. O homem, que é justamente o único elemento que importa na História. Por essa razão, os historiadores adorariam que a História não fosse influenciada pela inteligência, pelo talento, pela ira, pelo medo ou pela beleza. Eles gostariam que o homem não influenciasse na História do homem. Tsc, tsc.

Donde essa onda de dizer que Cleópatra não era bonita. Claro que era! Só que Octávio, que, ao que consta, não possuía os mesmos apetites do calvo adúltero, rejeitou Cleópatra e, para não correr riscos, mandou matar Cesário, o filho que ela tivera com César. Mas, como o prestígio de César com o povo fosse grande, Octávio, quando finalmente se tornou imperador, mudou seu nome próprio para Augusto e o nome do cargo para "césar". Mais tarde, alemães e russos chamariam seus imperadores de césares. Kaiser, na Alemanha; czar, na Rússia. Pronto: aí está a explicação de por que César era César mas não era césar.

Se os poderes de Cleópatra tivessem funcionado com Augusto, ela seria ainda maior do que foi. Seria talvez a maior mulher da história humana. Mas Augusto preferiu outra mulher, não tão bonita, nem tão sensual, mas de família romana respeitável: Lívia.

Essa Lívia era casada, tinha um filho, um menino chamado Tibério, e estava grávida de outro. Nada disso se constituiu em estorvo para o novo césar: ele ordenou que Lívia se divorciasse, ela achou a ideia excelente, e o marido acedeu tão prontamente que até assistiu ao casamento dos dois, bem faceiro. Lívia se casou grávida do segundo filho, como já vimos. A tradição, em Roma, determinava que o segundo filho fosse chamado de Druso. Sendo mulher, Drusilla. Esse Druso, mais tarde, se casaria com... Antônia! A mãe do nosso cornus maximus, Cláudio.

A maior devassa da civilização

Todo corno precisa de uma mulher que o cornifique, caso contrário lhe será difícil seguir sua tendência chifrúdica. Ou várias mulheres, lógico. Tenho um amigo que já foi corno sete vezes, com sete mulheres diferentes. As mulheres sempre o traem, ele as empurra para o adultério, como se desejasse ser traído. Acho até que deseja. As guampas colorem a vida dele.

Cláudio era um desses homens destinados à cornice irremediável. Pelo menos três mulheres o traíram. Mas uma delas em especial. Uma foi a maior adúltera do Universo. A mulher mais lasciva, mais sensual, mais ninfomaníaca. A maior vadia da Civilização.

Valéria Messalina.

Você ouviu o som das trompas e dos clarins troando? Sim, porque, cada vez que o nome de Messalina é citado, soam as fanfarras. Que união explosiva, a do maior corno com a maior libertina de todos os tempos. Ou talvez tenha sido Messalina quem transformou Cláudio em um supercorno. É: de alguma forma, Cláudio foi uma criação de Messalina.

Cláudio já tinha sido traído pela primeira esposa, Urgulanila, que era tão feia quanto o nome. Por isso, e por alguns outros detalhes, como, por exemplo, um pequeno assassinato que ela cometeu, ele pediu o divórcio. Quando desposou Messalina, ela era uma adolescentezinha de quinze anos e ele, um senhor se aproximando dos cinquenta. A juventude não a impedia de traí-lo com método e empenho, e a maturidade não era capaz de abrir os olhos do traído.

O nome Messalina vem de messe, ou colheita. Bem apropriado para uma mulher tão dadivosa. Há um busto de Messalina no museu Capitolino, em Roma: o nariz reto, a boca pequena, o rosto triangular, um queixo firme. Era loira. E, claro, bela.

Messalina teve amantes em toda Roma, fez sexo com servidores do palácio, com soldados, com atores, com escravos. Fazia sexo por diletantismo, e nisso se diferenciava da maior parte das mulheres. Como já disse Schopenhauer, para as mulheres, o sexo é um meio; para os homens, um fim. Messalina, não. Messalina gostava da coisa. À noite, ela assumia sua segunda identidade. Transformava-se na prostituta Lisisca. Metia-se debaixo de uma peruca preta e ia para a zona do meretrício da cidade, chamada Suburra. Subia num tamborete e oferecia-se pelo preço de uma marafona vulgar. Os homens a escolhiam, pagavam e a levavam para uma pequena cela em frente ao tamborete, alugada especialmente para esse fim – com o que você já viu que o motel não foi inventado no Rio de Janeiro, e sim na velha e devassa Cidade Eterna. De manhã, quando os donos dos quartinhos queriam fechá-los e ir para casa, descansar, Messalina continuava firme, oferecendo-se. Não queria parar nunca. Voltava para o palácio dolorida, com as partes pudendas em carne viva e ainda insatisfeita. Sofria de furor uterino, evidentemente.

Com muito jeitinho, Messalina conseguiu convencer Cláudio de que eles deveriam não apenas dormir em camas separadas, mas morar em alas diferentes do palácio. Cláudio consentiu, e ela transformou sua ala em um bordel. Quando queria um homem, convocava-o com as prerrogativas de imperatriz. Se o homem tivesse medo de trair o imperador e se recusasse a fazer sexo com ela, ela argumentava que, neste caso, iria contar ao imperador que o homem *tentara* fazer sexo com ela.

Certa feita, Messalina se apaixonou por um ator chamado Mnester. O ator vacilou. Não queria incorrer na ira de um imperador cornudo. Messalina queixou-se para Cláudio:

– Amuooor, sabe aquele atorzinho? O Mnester?

– Que é que tem?

– Ele não quer fazer as minhas vontades...

Cláudio franziu o cenho. Mandou chamar Mnester imediatamente. O ator apresentou-se, assustado. O imperador rosnou:

– Sugiro que você faça todas as vontades da imperatriz, rapazinho.

– Todas, césar?

– Todas.

– Mas... todas?

– Todas.

– Todinhas?

– Ouié.

Mnester obedeceu.

Quando Cláudio atravessou a Europa para conquistar a Bretanha, Messalina se esbaldou. Prostituiu-se abertamente e mandou que algumas esposas de senadores se prostituíssem também. Os maridos não gostaram muito, mas eram ordens da imperatriz, que fazer?...

Não contente em cobrar preços módicos por seus favores, Messalina resolveu apurar quem afinal era a maior rameira de Roma. Para tanto, propôs um desafio a Cnea, a prostituta mais infame do império. Uma espécie de *ultimate fighting*: as duas se entregariam a todos os homens que elas tivessem condições físicas de suportar por um dia inteiro. Aquela que levasse mais parceiros ao gozo seria a grande campeã. Em 24 horas, Cnea deu conta de 24 homens, respeitável média de um por hora. Messalina terminou a contagem em 30. Goleada consagradora. Messalina era a Pelé da sacanagem, a campeã das campeãs.

Apesar dessa tonitruante explosão de infidelidade, da traição que escorria pelas paredes do palácio, dos olhares de esguelha dos patrícios, Cláudio não desconfiava de nada. Porque amava profundamente Messalina, a quem confiava alguns dos negócios mais importantes do império. Parte dos súditos não lhe contava coisa alguma

por temer uma eventual reação indignada dele – os cornos são assim; quando a traição lhes é revelada, revoltam-se contra quem a revelou. Outra parcela dos cidadãos acreditava que Cláudio *sabia* do que acontecia e, mansamente, dava seu consentimento. Messalina, portanto, podia continuar na atividade cornificadora em paz.

Só que, um dia, ela foi longe demais.

Houve quem dissesse que Messalina tinha se apaixonado e que, por amor, atravessou a fronteira da prudência para o lado de lá. Não sei... Messalina não parecia muito prudente. Mas, realmente, ela exagerou. Não apenas teve um caso com um nobre chamado Gaio Sílio como *casou-se* com ele. Pior: aproveitou-se da credulidade de Cláudio e, empregando um daqueles ardis que só as mulheres sabem empregar, conseguiu que o próprio imperador aprovasse formalmente o casamento.

Um dia, quando Cláudio estava em Óstia a trabalho, ela e Sílio celebraram os esponsais. O ponto alto da cerimônia foi o casal consumando a união numa cama *king size* armada no meio dos jardins do palácio, em frente a todos os convidados, inclusive as aias. A ideia de Messalina e do marido era depor Cláudio e assumir o poder. Os novos libertos de Cláudio, percebendo que, se a conjuração tivesse sucesso, perderiam o emprego, decidiram tomar uma atitude. Contaram tudo ao imperador. Mas tudo! Um dos libertos chegou a fazer uma lista dos homens que partilharam o leito com a imperatriz. A relação elevou-se a 156 romanos de diversas classes. Isso fora os que os libertos não descobriram.

Cláudio ficou em pedaços, coitado. Jurou que nunca mais se casaria e determinou que Messalina fosse executada não tanto pelo adultério, mas pela conspiração política. Messalina morreu com menos de 24 anos. Pouco tempo, mas bem aproveitado. Na noite da execução de sua esposa, Cláudio sentou-se à mesa do jantar e, como ela não aparecesse, reclamou:

– Onde é que está a Messalina, que demora tanto?

Os criados, constrangidos, informaram-lhe que ela havia sido morta por ordem dele. Cláudio balançou a cabeça, lamentoso:

– Ah, é mesmo...

Desta forma, chegou ao fim a curta porém palpitante vida de Valéria Messalina, mas não o destino de homem traído de Cláudio. Como todo chifrudo profissional, Cláudio descumpriu sua promessa e logo arranjou uma nova esposa. Que foi, é claro, a pior que ele poderia ter escolhido. Ninguém menos do que sua sobrinha Agripina, que, se não era tão lasciva como Messalina, era muito mais ambiciosa e tão bonita quanto. Messalina usava sua beleza para fazer sexo; Agripina, para conquistar poder. Seduziu Cláudio e governou Roma através dele. E, se o governo de Cláudio não podia ser considerado ruim, melhorou deveras com a intervenção firme e sensata de Agripina.

O mando de Agripina teve sequência por cinco anos. Ao cabo desse período de relativa tranquilidade no império, ela se viu vitimada por aquele que é dos maiores males humanos: a ganância. Agripina envenenou a comida de Cláudio e o matou, tudo para elevar seu filho ao trono, um filho degenerado que ela controlava com sexo desde que ele ingressara na adolescência. Agripina continuou cometendo incesto com esse filho e manipulando-o, até que ele se cansou dela. E então, o filho assassinou a própria mãe e deu início a um período de terror poucas vezes visto na história da Humanidade. Não é à toa que até hoje tem gente que coloca nos cães o nome desse césar sanguinário: Nero.

Sodoma e Gomorra

Para tudo há um tempo, para cada coisa há um momento debaixo dos céus:

Tempo para nascer,
e tempo para morrer;
Tempo para plantar,
e tempo para arrancar
o que foi plantado;
Tempo para matar,
e tempo para sarar;
Tempo para demolir,
e tempo para construir;
Tempo para chorar,
e tempo para rir;
Tempo para gemer,
e tempo para dançar;
Tempo para atirar pedras,
e tempo para ajuntá-las;
Tempo para dar abraços,
e tempo para apartar-se;
Tempo para procurar,
e tempo para perder;
Tempo para guardar,
e tempo para jogar fora;
Tempo para rasgar,
e tempo para costurar;
Tempo para calar,

> e tempo para falar:
> Tempo para amar,
> e tempo para odiar;
> Tempo para a guerra,
> e tempo para a paz.
>
> Que proveito tira o trabalhador de sua obra? Eu vi o trabalho que Deus impôs aos homens: todas as coisas que Deus fez são boas a seu tempo. Ele pôs, além disso, no seu coração, a duração inteira, sem que ninguém possa compreender a obra divina de um extremo a outro. Assim eu concluí que nada é melhor para o homem do que alegrar-se e procurar o bem-estar durante sua vida; e que comer, beber e gozar o fruto do seu trabalho é um dom de Deus. Reconheci que tudo o que Deus fez subsistirá sempre, sem que nada possa ajuntar nada, nem nada suprimir. Aquilo que é, já existia, e aquilo que há de ser, já existiu; Deus chama de novo o que passou. Não há nada de novo debaixo do sol.

Essa é a poesia poderosa do *Eclesiastes*, um dos 73 livros da Bíblia. A tradição judaica diz que Eclesiastes e o rei Salomão são a mesma pessoa, mas Salomão sucedeu ao rei David por volta de 970 a.C. e a forma final do *Eclesiastes* foi dada uns seis séculos depois. Seja como for, o que importa é que, como se vê no *Eclesiastes*, a Bíblia é um conjunto de livros que não apenas conta a história dos hebreus, como prega ensinamentos e, principalmente, tem um conteúdo moral.

Pela primeira vez na história da humanidade, um deus condicionava sua graça ao comportamento do homem. Todos os outros deuses, inclusive os do panteão greco-romano, exigiam tão somente bajulação e sacrifícios. O homem não desenvolvia, por meio da religião, nenhum compromisso ético com os outros homens. Se quisesse ter boas colheitas, filhos varões e inimigos derrotados, bastava-lhe adular um pouco seu deus e alimentá-lo com sangue humano.

Os sacrifícios humanos sempre foram muito apreciados pelos deuses da Antiguidade. Hebreus, gregos e romanos é que se tornaram um pouco mais piedosos e substituíram as virgens ou os inimigos capturados por bois ("hecatombe" significa o sacrifício de cem bois), cabras, carneiros e outros infelizes animaizinhos, como as pacíficas galinhas, que ainda hoje sangram nos terreiros de umbanda.

Jeová, o deus de Israel, porém, exigia boa conduta. Verdade que poucos deuses amaram tanto a louvaminha e nenhum foi tão ciumento. A ponto de submeter seus adoradores a provas cruéis, como a que aprontou com Abraão. Um dia, para descobrir se Abraão o obedecia mesmo, ordenou que ele sacrificasse o próprio filho, Isaac. A descrição desta cena no *Gênesis* é comovente. No dia seguinte à cruel ordem recebida, Abraão levantou-se cedo, convocou dois servos, chamou o filho, pegou um jumento e foi para o local indicado por Jeová para o sacrifício. Caminhou um dia inteiro. No terceiro dia, avistou o lugar.

– Ficai aqui com o jumento – disse Abraão aos servos na segunda pessoa do plural, que era assim que eles falavam naquele tempo. – Eu e o menino vamos até lá mais adiante para adorar, e depois voltaremos a vós.

Os servos obedeceram. Abraão reuniu a lenha para a cerimônia, acomodou a faca à cintura e tomou o filho pela mão. Enquanto caminhavam, Isaac, sem largar da mão do pai, chamou:

– Meu pai!

– Que há, meu filho?

– Pai, temos aqui o fogo e a lenha, mas onde está a ovelha para o holocausto?

Abraão, constrangido, desconversou:

– Deus providenciará ele mesmo uma ovelha para o holocausto, meu filho.

E juntos continuaram o seu caminho. Chegando ao local indicado por Jeová, Abraão edificou um altar, colocou nele a lenha e amarrou Isaac, que, a essa altura, deve ter percebido que havia alguma coisa muito errada naquela história. Abraão deitou o filho manietado sobre o altar, empunhou a faca sacrificial, levantou o braço, e, no momento em que ia fazer a imolação, o anjo do Senhor gritou-lhe do céu:

– Abraão! Abraão!

– Eis-me aqui! – respondeu Abraão, imagino que num estado de nervos precaríssimo.

– Não estendas tua mão contra o menino e não lhe faça nada. Agora sei que temes a Deus, pois não me recusaste teu próprio filho!

Abraão suspirou, limpou o suor da testa e, levantando os olhos, viu atrás dele um cordeiro preso pelos chifres entre os espinhos. Nem preciso dizer que o cordeiro tomou o lugar de Isaac. A partir daquele dia, Abraão chamou o lugar de Javé-Yiré, ou "o Senhor proverá".

Agora me diga: Abraão e Isaac precisavam passar por essa só para que o Senhor descobrisse se ele, Abraão, realmente era fiel??? Francamente!

O problema é que Javé, ou Jeová, ou Yhvh tem muitos nomes, mas ninguém conhece o verdadeiro, dizem até que se alguém pronunciar o verdadeiro nome do Senhor morrerá fulminado na mesma hora, e é por isso que eu jamais pronuncio nada parecido com Jeová ou Javé ou Yhvh, seja lá a pronúncia que isso tem, melhor não arriscar. Enfim, como eu dizia, o problema é que Javé (não fale isso em voz alta!) era um deus cheio de paixões humanas. Não só o ciúme e o apreço à lisonja; a cólera também. Jeová era dado a acessos de fúria. Durante o êxodo, quando os hebreus fugiram da escravidão no Egito guiados por Moisés, ocorreram alguns episódios desagradáveis. O povo volta e meia se revoltava com a liderança de Moisés. Viviam a reclamar do tanto vagar pelo deserto e chegaram a pensar em escolher outro líder e voltar para as barras do manto do faraó Ramsés II. Numa dessas, Jeová ficou uma fera. Sua voz de trovão disse o seguinte para Moisés e Aarão:

– Até quando sofrerei eu essa assembleia revoltada que murmura contra mim? Ouvi as murmurações que os israelitas proferem contra mim. Juro por mim mesmo, tratar-vos-ei como vos ouvi dizer. Vossos cadáveres cairão nesse deserto. Todos vós que fostes recenseados da idade de vinte anos para cima, e que murmurastes contra mim, não entrareis na terra onde jurei estabelecer-vos, exceto Caleb, filho de Jefoné, e Josué, filho de Nun. Todavia introduzirei nela os vossos filhinhos, dos quais dizei que seria a presa do inimigo, e eles conhecerão a terra que desprezastes. Quanto a vós, vossos cadáveres ficarão nesse deserto, onde vossos filhos guardarão os seus rebanhos durante quarenta anos, pagando a pena de vossas infidelidades, até que vossos cadáveres apodreçam no deserto. Explorastes a terra em quarenta dias; tantos anos quantos são esses dias pagareis a pena de vossas iniquidades, ou seja, durante quarenta anos, e vereis o que significa ser objeto de minha vingança. Eu, o Senhor, o disse.

Jeová também era vingativo.

A sorte é que Ele se rendia a um bom argumento. O capítulo da destruição de Sodoma e Gomorra o comprova. Eis uma das histórias mais espetaculares de todos os tempos, contendo os dois ingredientes dos quais as pessoas realmente gostam: sexo e sangue.

É o que elas querem: sexo e sangue, sexo e sangue. Era o que havia em Sodoma e Gomorra.

Em Sodoma, os sodomitas se sodomizavam uns aos outros, o que, com toda a razão, escandalizava o Senhor. E em Gomorra, que horror!, os gomorritas passavam o dia se gomorrizando. A Bíblia nunca explicou o que é gomorrizar, mas não deve ser pegar na mão, ou então Jeová não ia querer arrasar a cidade com fogo e enxofre. De qualquer forma, foi isso que ele disse a Abraão que tencionava fazer: reduzir Sodoma e Gomorra a cinzas. Abraão, que era uma pessoa boa, assustou-se com aquilo e resolveu interceder em favor das duas cidades. Segue-se, a partir daí, uma negociação entre o Senhor e Abraão que poderia acontecer em qualquer mercadinho de arrabalde. Abraão simplesmente pechincha com Deus, argumenta, tenta convencer (e consegue), mostrando que o povo hebreu é dotado de verve para os negócios desde o seu mais antigo ancestral.

– Fareis o justo perecer com o ímpio? – disse Abraão ao Senhor. – Talvez haja cinquenta justos na cidade. Fá-los-eis perecer? Não perdoaríeis antes a cidade, em atenção aos cinquenta justos que nela se poderiam encontrar? Não, Vós não poderíeis agir assim, matando o justo com o ímpio, e tratando o justo como ímpio! Longe de Vós tal pensamento! Não exerceria o Juiz de Toda a Terra a justiça?

Note que Abraão fala à consciência de Deus. Tenta, o homem, fazer Deus perceber que irá cometer um erro. E Deus se deixa convencer. Responde:

– Se eu encontrar em Sodoma cinquenta justos, perdoarei a toda a cidade em atenção a eles.

Ponto para Abraão. Mas nosso herói é ainda mais astuto. Ele tenta tirar vantagem da posição frágil em que Ele se encontra. Abraão continua, cheio de cuidados, como se estivesse tateando:

– Não leveis a mal se ainda ouso falar ao meu Senhor, embora seja eu pó e cinza. Se porventura faltar cinco aos cinquenta justos, fareis perecer toda a cidade por causa desses cinco?

E o Senhor, caindo na cilada:

– Não a destruirei, se nela encontrar 45 justos.

– Talvez só haja aí quarenta... – insistiu Abraão.

– Não destruirei a cidade por causa desses quarenta – concordou o Senhor.

– Rogo-vos, Senhor, que não vos irriteis se eu insisto ainda. Talvez só se encontrem trinta... – prosseguiu Abraão, provavelmente fazendo muxoxo.

– Se eu encontrar trinta – concordou o Senhor, com paciência divina –, não o farei.

– Desculpai se ainda ouso falar ao meu Senhor – tornou Abraão, e confesso que eu já teria me agastado, se fosse Deus –, pode ser que só se encontrem vinte...

– Em atenção aos vinte, não a destruirei.

– Que o Senhor não se irrite se falo ainda uma última vez. Que será, se lá forem achados dez?

– Não a destruirei por causa desses dez – e com isso o Senhor encerrou a negociação.

Que aula de comércio deu Abraão naquele dia, quatro mil anos distante de nós. O problema é que, por mais que procurassem, o Senhor e Abraão não acharam os tais dez justos. O único a receber salvo-conduto para sair de Sodoma foi Lot, um sobrinho de Abraão, que nem sodomita era, porque não andava sodomizando ou permitindo que o sodomizassem, e porque não nascera em Sodoma.

Na véspera da destruição, Lot viu chegarem à cidade os dois anjos que o Senhor encarregara da tarefa. Convidou-os para que dormissem em sua casa. Os anjos, depois de alguma hesitação, aceitaram. Estavam jantando quando os habitantes de Sodoma, todos eles, dos mais novos aos mais velhos, bateram à porta.

– Onde estão os homens que entraram esta noite em tua casa? – perguntaram a Lot. – Conduze-os a nós para que os conheçamos.

Você sabe o que significa esse negócio de "conhecer" na Bíblia, não sabe? Pois é. Os sodomitas queriam sodomizar os anjos! Lot entrou em pânico. Jeová decerto não iria gostar que seus anjos fossem sodomizados pelos malditos sodomitas. Tentou convencer os tarados a não fazer aquilo. Afinal, os dois desconhecidos não eram dali, não estava acostumados com as práticas da cidade... Não adiantou. Eles queriam os anjos. Lot apelou:

– Suplico-vos, meus irmãos: não cometais esse crime. Ouvi: tenho duas filhas que ainda são virgens. Eu vo-las trarei, e fazei delas o que quiserdes. Mas não façais nada a estes homens, porque se acolheram à sombra do meu teto.

Que nada. Os sodomitas responderam que queriam, mesmo, os anjos. O que me faz pensar sobre

essas duas filhas virgens de Lot. Deviam ser bagulhíssimos, para que os sodomitas preferissem homens. Ou, sei lá, vai ver os sodomitas só gostavam de sodomizar homens. Ou talvez os anjos fossem de uma beleza tão angelical que superasse até a beleza de mulheres virgens... Enfim, são reflexões de quarenta séculos.

Mas, retornando à delicada situação em que se encontravam os anjos do Senhor, o que aconteceu em seguida foi que os sodomitas começaram a arrombar a porta de Lot. Aí os anjos, percebendo o que estava em risco naquele momento, entraram em ação: usando de seu poder sobrenatural, fizeram lá uma mágica que cegou os atacantes, que se dispersaram, tontos.

Finalmente, os anjos instruíram Lot a tomar aquelas duas filhas virgens e sua mulher e ir embora de Sodoma sem se deter nem olhar para trás. Lot obedeceu. Enquanto ele e a família caminhavam pela planície, uma chuva de fogo e enxofre caiu do céu e arrasou com Sodoma e Gomorra, seus habitantes, seus animais e até a vegetação. A mulher de Lot, não aguentando de curiosidade, olhou para trás e, putz, transformou-se em uma estátua de sal. É chato desobedecer às ordens do Senhor.

Lot foi para uma pequena cidade chamada Segor. Pequena mesmo, já que, em hebreu, *segor* significa pequeno. Depois, mudou-se para uma montanha, onde viveu só com as duas filhas virgens. E, como elas não queriam continuar virgens e, como toda mulher, ansiavam por ter filhos, traçaram um plano solerte: embebedaram seu velho pai e, à noite, fizeram sexo com ele. Lot não percebeu nada, achou que fosse um sonho erótico, provavelmente, mas acabou copulando com as próprias filhas, uma em cada noite. E elas tiveram filhos dele, como haviam planejado. A mais velha chamou o filho de Moab, que se tornou pai dos moabitas; a mais nova deu ao filho o nome de Bem-Ami, que foi o pai dos amonitas.

Uma filosofia feminina

É isso: incesto, sodomia, destruição, sexo e sangue, sexo e sangue, sexo e sangue. Histórias da Bíblia. Mais precisamente, do Velho Testamento.

Era aonde queria chegar: a religião judaica fundou a moral, na Antiguidade, mas ela ainda era eivada da mitologia que atribuía ao seu deus as paixões humanas, ainda era centrada mais em deus do que no homem. Nada a criticar, religiosamente falando. Afinal, assim são as religiões – tentam resolver o problema do desconforto do homem no mundo de fora para dentro. Mas, filosoficamente falando, o judaísmo pecava (bom verbo, para um caso desses) pelo excesso de deus.

Jesus de Nazaré se encarregaria de conceber uma nova interpretação do judaísmo. Judeu, tendo de se mover no mundo judeu e falar aos judeus, Jesus não dispunha de alternativa senão partir das Sagradas Escrituras. Jesus não podia rechaçar o judaísmo, pelo menos não poderia afrontá-lo abertamente. Dizia, assim, que o deus de que falava era o mesmo deus dos hebreus. "Não julgueis que vim abolir a lei ou os profetas. Não vim para abolir, mas sim para levá-los à perfeição." Conversa. Nada mais diferente do deus de Jesus do que Jeová, o deus que privilegiava Israel em detrimento de todos os outros povos da Terra, o deus rancoroso, colérico, vingativo, às vezes cruel. O chamado Deus dos Exércitos.

Jesus pregou um novo deus. Um deus que, pela primeira vez, tornava todos os homens iguais. E, através desse deus, pregou sua filosofia igualitária, comunista, humana, civilizatória e, por civilizatória, feminina.

O ideário de Jesus é exposto com a máxima clareza no Sermão da Montanha, discurso no qual ele eleva o homem ao centro do Universo ("Vós sois o sal da terra! Vós sois a luz do mundo!") e traça a filosofia mais humanista jamais ouvida em dez mil anos de Civilização. Jesus começa fazendo exatamente aquilo que, por questões políticas, disse que não faria: revoga a antiga lei.

> Ouvistes que foi dito: "Olho por olho e dente por dente". Eu digo-vos: não oponhais resistência ao mau; se alguém vos bater na face direita, oferece-lhe também a esquerda. E se alguém quiser pleitear convosco para vos tirar a túnica dá-lhe também a capa. Se alguém vos obrigar a acompanhá-lo durante uma milha, acompanhai-o durante duas. (...)
> Ouvistes que foi dito: "Amarás o vosso próximo e odiarás o vosso inimigo". Eu, porém, digo-vos: amai os vossos inimigos e orai pelos que vos perseguem. (...) Porque, se amais os que vos amam, que recompensa haveis de ter? Não o fazem já os publicanos? E, se saudais somente os vossos irmãos, que fazeis de extraordinário? Não o fazem também os pagãos?

Num mundo movido pela roda da escravidão, Jesus dizia que todos os homens eram iguais e exaltava o amor ao próximo como seu maior mandamento – aliás, amor a qualquer próximo, mesmo ao inimigo. E ia mais longe no seu comunismo. Criticava a ganância e a acumulação:

> Não ajunteis tesouros na Terra, onde a ferrugem e a traça os corroem e os ladrões arrombam os muros, a fim de os roubar. Ajunteis tesouros no Céu, onde nem a traça nem a ferrugem os corroem nem os ladrões arrombam os muros, a fim de os roubar. Pois onde estiver o vosso tesouro, aí estará também o vosso coração. (...) Ninguém pode servir a dois senhores, porque ou há de odiar um e amar o outro ou se dedicará a um e desprezará o outro. Não podeis servir a Deus e às riquezas.
>
> Não vos preocupeis por vossa vida, pelo que comereis, nem pelo vosso corpo, como vos vestireis. Porventura não é o corpo mais do que o vestido e a vida mais do que o alimento? Olhai para as aves do céu: não semeiam, nem ceifam, nem recolhem em celeiros; e o vosso Pai celeste alimenta-as. Não valeis vós mais do que elas? Qual de vós, por mais que se preocupe, pode acrescentar um só côvado à duração de sua vida? Por que vos preocupais com o vestuário? Olhai os lírios do campo. Não trabalham nem fiam. Pois eu vos digo: nem Salomão, em toda a sua magnificência, se vestiu como qualquer deles. Ora, se Deus veste assim a erva do campo, que hoje existe e amanhã é lançada ao fogo, como não fará muito mais por vós, homens de pouca fé? Não vos preocupeis, dizendo: "Que comeremos nós, que beberemos, ou que vestiremos?" (...) Não vos inquieteis, portanto, com o dia de amanhã, pois o dia de amanhã já terá as suas preocupações. Bem basta a cada dia o vosso trabalho.

O que significam essas duas máximas de Jesus, seus dois maiores ensinamentos, a igualdade entre os homens e o desprezo pela acumulação de riquezas?

A Civilização!

Se todos os homens se tratarem como iguais e se não lutarem por posses, vão conviver muito melhor, pois não? Eis aí consumado o objetivo da Civilização. O que as mulheres sempre tiveram em mente: as pessoas vivendo em paz para que elas possam cumprir com serenidade sua tarefa de reprodução.

Não por acaso, portanto, foram as mulheres que aderiram mais entusiasticamente ao cristianismo nos primeiros anos após a morte de Jesus. Claro, com o tempo, o cristianismo foi sendo modificado por seus próceres. Afastou-se de Cristo, abandonou a velha simplicidade e ficou cada vez mais parecido com as antigas religiões que tentam salvar o homem da infelicidade ou do infortúnio através da intercessão mágica dos superpoderes de alguma entidade cósmica.

É sempre assim. A tendência do ser humano é vulgarizar o pensamento para entendê-lo. Com o budismo aconteceu o mesmo. Buda concluiu que o desejo era a fonte de toda a infelicidade, recomendava a extinção dos desejos humanos como forma de alcançar o Nirvana, a união perfeita com a Natureza. Pregava, portanto, uma religião sem deus. Uma religião ateia. E agora não há quem reze para Buda??? Por favor!

Já o cristianismo foi sendo mutilado desde o século I, a começar pelo seu principal divulgador.

O homem que tornou o cristianismo uma religião universal, espalhando-o pelo império romano, esse homem que foi o verdadeiro fundador da Igreja Católica, ele foi também o maior responsável pela deturpação da filosofia de Jesus. Paulo, o apóstolo das gentes.

Paulo não conheceu Jesus. Conheceu os apóstolos. Foi grande amigo de Barnabé, que era considerado o 13º discípulo de Jesus, e o principal rival de Pedro. Se dependesse de Pedro, um homem mais diplomático, mais tolerante e mais fraco, o cristianismo provavelmente teria ficado restrito ao âmbito das diversas seitas judaicas da época e, como todas, se evolaria suavemente até deixar de existir. Mas Paulo lutou a favor da popularização da religião. Chegou a dizer que, em Antioquia, "enfrentou Pedro de cara" no debate em favor da, digamos, internacionalização do cristianismo. Tipo Stálin versus Trótski. É que Pedro, depois de vacilar um tanto, concordava com a tese de que os cristãos deveriam obedecer a lei judaica da circuncisão, do veto a alguns tipos de carne e outros quetais. Paulo dizia que não; que todos deveriam ser aceitos no aprisco do cristianismo, inclusive aqueles que os hebreus chamavam de gentios. Óbvio que Paulo tinha razão, do ponto de vista do marketing. Derrotou Pedro e, derrotando-o, tornou o cristianismo uma religião de fácil adesão. Só que, no afã de conquistar a choldra, Paulo apelou para os sentimentos rasteiros que sempre fizeram o sucesso das religiões. Em primeiro lugar, a exaltação da fé. H.L. Mencken, um dos maiores jornalistas americanos de todos os tempos, principal inspirador de Paulo Francis, disse que a fé é a crença ilógica na ocorrência do improvável. Verdade. Mas esse absurdo, do ponto de vista racional, é mais poderoso do que qualquer linha de raciocínio. Isso o sabem quaisquer desses pastores que cobram dez por cento dos salários dos crentes pela esperança de uma cura, um emprego, uma promoção ou um namorado novo. O cristianismo sem Cristo exigia fé incondicional. Paulo escreveu aos romanos: "Se com tua boca confessares que Jesus é o Senhor, e se em teu coração creres que Deus o ressuscitou dentre os mortos, serás salvo. É crendo de coração que se obtém a justiça, e é professando com palavras que se chega à salvação."

Os romanos estavam precisando de salvação. O césar que os governava era ninguém menos do que Nero, as virtudes da velha república já quase não mais existiam e o império começava sua lenta decadência. A vida era difícil e perigosa, sobretudo para os pobres, os libertos, os escravos e os que não tinham a cidadania romana. A ideia de uma existência mais agradável depois da vida terrena era atraente. E Paulo acenava com isso. Dizia que Cristo ia voltar, e que esse retorno aconteceria em breve:

"O Dia do Senhor virá como um ladrão de noite".

Essa espera enervante se estendeu até o ano 1000. Dez séculos de expectativa para que fossem derramadas sobre a Terra as sete taças da ira de Deus. Enquanto isso, muita reza e penitência. No cristianismo de Paulo, a crença era maior do que a conduta. Assim, Paulo derrotou até mesmo Cristo, e nas pedras das catedrais católicas esfumou-se a límpida filosofia de Jesus.

O cristianismo, de uma filosofia feminina e civilizatória, foi aos poucos se transformando num instrumento de poder masculino. No século IV, os bispos instituíram a figura do papa (pai, em grego). Por volta de 750, Cristóforus, secretário do papa Estevão II, concebeu uma fraude genial: forjou um documento intitulado "Doação de Constantino", que teria sido escrito a mando do imperador Constantino e assinado por ele em 315. Segundo o texto, Constantino teria se curado da lepra devido à ação milagrosa das orações do papa Silvestre. Em retribuição, o soberano teria dado um presentaço a todos os papas vindouros: "A eles deixo a coroa imperial e o governo de todas as regiões do Ocidente, de agora para sempre".

Pronto o documento, Estevão II colocou-o debaixo do braço e o levou até Pepino. Agora você imagine: um sujeito que se chamava Pepino. Qual era a ideia do Carlos Martel, pai do menino, de colocar um nome desses no filho? Francamente. Mas, apesar do nome ridículo, o Pepino era importante: era rei dos francos e foi o pai de Carlos Magno.

Naquele ano de 754, Pepino pretendia ser reconhecido como imperador do nono Império Romano e viu no documento do papa uma boa oportunidade de se aliar à Igreja. Assim, doou a Estevão e seus sucessores um vasto território, incluindo as regiões de Ravena, Emilia e Romagna, e cidades como Roma, Orvieto e Bolonha.

Estava fundado o Vaticano.

O cristianismo, filosofia que condenava a acumulação de riquezas e a violência, agora propiciava a uma casta fortunas capazes de erguer as catedrais de ostentação que até hoje enfeitam a Europa, e poder capaz de queimar pessoas vivas ou de fomentar uma das guerras mais sangrentas da história da humanidade, como foram as cruzadas.

Em nome do cristianismo, reinaram assassinos, ladrões, torturadores e uma mulher que foi isso tudo: Teodora, a imperatriz de Bizâncio.

Teodora, de prostituta a imperatriz

Teodora não entrou no hipódromo de Constantinopla: fez sua entrada. E, no exato instante em que seu pé macio tocou a pedra dura do estádio, impôs-se o silêncio grave dos grandes acontecimentos. As milhares de pessoas que ali se acomodavam para assistir às corridas de bigas e quadrigas pressentiram que algo importante estava para acontecer. Estava. Naquele dia, elas testemunhariam a História se fazendo.

Por nove anos, aquela mulher hipnotizante estivera fora da cidade, vagando pela periferia do mundo. Periferia, sim, porque Constantinopla era a capital da Terra. Para isso fora erguida por Constantino, em 11 de maio de 330: para ser a Nova Roma. Foi esse o nome que o imperador lhe deu, mas, depois de sua morte, cidade e fundador se fundiram em um só. Era a terceira denominação que a cidade ganhava: mil anos antes fora Bizâncio; durante a existência de Constantino, Nova Roma; depois, Constantinopla; nos tempos modernos recebeu seu quarto nome, Istambul, a capital turca, metade europeia, metade asiática.

O que Teodora fizera nesses nove anos ausente de Constantinopla ninguém sabe ao certo. Seja o que for, aumentaram-lhe dois atributos: a riqueza e a beleza. Linda, Teodora sempre fora; mas nascera pobre. Sua mãe, Gala, se prostituía ali mesmo, no circo. Seu pai havia sido tratador de ursos. Um dia, ao alimentar um grande urso recém-chegado das montanhas da Ásia, ele se descuidou e a fera o estrangulou até a morte. Desfalcada do salário do marido, Gala valeu-se das filhas para equilibrar o orçamento da família. Instruiu-as nas artes da luxúria e mandou que se prostituíssem. Teodora, a mais bela de todas, obedeceu com afinco e se destacou na atividade. Mas havia sumido e, agora, retornava ajaezada com as joias mais caras e os vestidos mais diáfanos. A força da sua beleza calou o hipódromo. Em breve, faria dela a imperatriz e a mulher mais poderosa do mundo.

Vou arrolar agora um testemunho abalizado sobre a beleza de Teodora. Ninguém menos do que Edward Gibbon. Para você ter ideia de quem foi Edward Gibbon, Will Durant, que, para mim, é o maior dos historiadores, disse que Gibbon foi o maior dos historiadores.

Gibbon foi um cavalheiro inglês do século XVIII que jamais se casou. Sua amante foi a História. Mais especificamente, a história de Roma. Com a intenção de beber direto das fontes do velho império romano, ele aprendeu francês e latim. Desenvolveu um método de aperfeiçoar-se nessas línguas: traduzia Cícero do latim para o francês, deixava o texto de lado por alguns dias, retomava-o, traduzia de volta para o latim e depois comparava o resultado com o original. Para fazer uma coisa dessas, só se o sujeito não tiver mulher, mesmo.

Gibbon passou metade de sua vida escrevendo uma obra portentosa, *Declínio e queda do Império Romano*. Trata-se de um dos maiores livros de História jamais escritos. Pelo texto saboroso. Por seu estilo elegante, mordaz e fluente. Pela precisão da pesquisa. Gibbon conta quatorze séculos em três mil páginas distribuídas em seis volumes, com mapas e ilustrações. Não existe edição disponível em português, mas nos anos 50 Dero A. Saunders fez um resumo bem palatável em seiscentas páginas. No final dessa edição compactada, Gibbon descreve assim a luminosa Teodora:

> A beleza de Teodora era tema do louvor mais lisonjeiro e fonte de refinado deleite. Tinha ela traços delicados e regulares; sua tez, conquanto um pouco pálida, tingia-se de rubor natural; a vivacidade de seus olhos exprimia de imediato todas as sensações; seus gestos desembaraçados punham-lhe à mostra as graças da figura miúda porém elegante; e o amor e a adulação cuidavam de proclamar que a pintura e a poesia eram incapazes de representar a incomparável distinção de suas formas. Estas se aviltavam contudo pela facilidade com que se expunham aos olhares públicos e se prostituíam a desejos licenciosos. Seus encantos venais eram prodigalizados a uma turba promíscua de cidadãos e forasteiros de toda classe e profissão; o afortunado amante a quem fora prometida uma noite de gozo era amiúde expulso do leito dela por um favorito mais forte ou mais rico; quando ela passava pelas ruas, fugiam-lhe à presença todos que desejavam furtar-se ao escândalo ou à tentação. O historiador satírico não corou de descrever as cenas de nu que Teodora exibia sem vergonha no teatro.

O historiador satírico a que Gibbon se referia era Procópio, contemporâneo de Teodora, que contou à posteridade tudo o que ela aprontava, inclusive a sua triunfal reaparição no circo.

Nesse dia, Teodora empregou magistralmente suas qualidades de atriz. Até porque estava diante de uma plateia incomparável. As corridas no hipódromo eram tão populares em Constantinopla quanto o futebol no Brasil. As equipes não eram Grêmio, Inter, Palmeiras e Santos; eram Azul, Vermelho, Verde e Branco. No momento em que as quadrigas emparelharam na pista, a excitação do povo desviou-se de Teodora para a arena. Então, ela levantou-se do seu assento, caminhou com garbo até a amurada e, retirando graciosamente um faiscante colar de rubis do pescoço, jogou-o na areia, anunciando:

– Para os vermelhos!

Foi uma ovação. Daquele dia em diante, o valor do colar de rubis passou a ser discutido pelos bizantinos, que na verdade não chamavam a si próprios de bizantinos, nem sua pátria de Bizâncio, mas de romainois e România. Num grafite de 580, 32 anos depois da morte de Teodora, um aflito morador de Constantinopla implorava: "Ó Cristo Senhor, socorre a cidade, resguarda-a dos avaros, protege a România e este escriba. Amém". Que diferença para os grafites brasileiros, em que só se vê escritas coisas como "Jujubinha, te amo".

Mas Teodora. Ela jogou o colar de rubis na areia e, como a sorte ajuda os grandes, os vermelhos ganharam. O condutor da biga campeã levou o carro ao ponto em que estava rojado o colar, colheu-o do chão e, levantando-o alto para que toda a multidão visse, bradou:

– Agradecido à bela!

A massa uivou de júbilo.

Na assistência, vendo o show com os olhos luzindo de interesse, estava Justiniano, sobrinho do imperador Justino. Justiniano chamou um servidor e perguntou quem era aquela mulher que atirava colares de rubis ao pó, queria saber como se chamava, que idade tinha, de onde viera, para onde ia, do que se alimentava, o CPF, tudo. Depois de bem informado, Justiniano ordenou que convocassem Teodora para jantar com ele no palácio. Teodora, que não era tão difícil assim, foi.

Não saiu mais.

Em seis meses, estava casada com Justiniano. Ora, uma ex-prostituta, atriz do hipódromo, casar com um nobre era não apenas um escândalo, mas brutalmente proibido pela lei

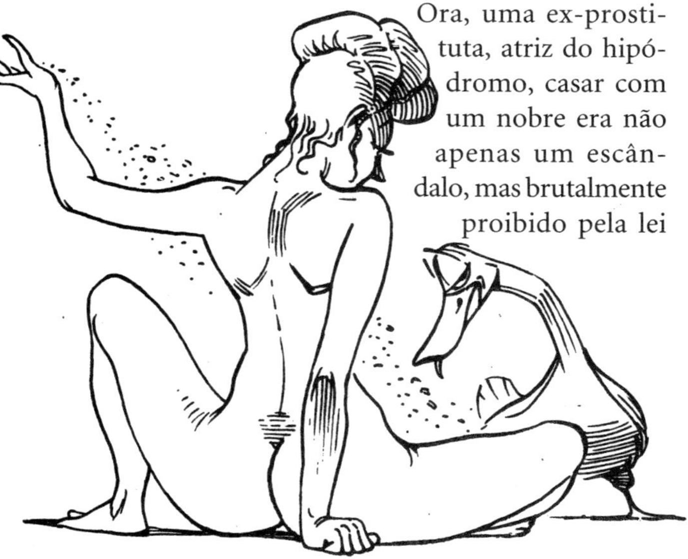

bizantina. Justiniano não se intimidou. Procurou o tio imperador e pediu que ele revogasse aquela lei obsoleta. Justino, ele mesmo casado com uma ex-escrava, revogou.

Talvez você fique intrigado com a eficiência de Teodora, que em seis meses seduziu o sobrinho do imperador e casou-se com ele. Pois fique sabendo que Teodora era especialista nas lides do amor. Gibbon relata que, numa ceia memorável, Teodora foi o prato principal para dez jovens e, depois de satisfazê-los, ela, ainda esfaimada, deu-se a trinta escravos. O historiador, velhaco, acrescentou: "A caridade de Teodora era universal".

Quando não havia homens para praticar seu esporte preferido, Teodora valia-se de gansos treinados. Gansos, por Deus. Ela se deitava no chão, espalhava grãos de cevada no entrepernas e soltava os gansos, que lhe debicavam suavemente em volta do clitóris, levando-a a orgasmos soluçantes. Você, prezada leitora, não tenha ideias. Não faça isso em casa. Até porque seus gansos não devem ser tão bem treinados como os de Teodora.

Mas o que eu queria dizer é que Teodora sabia das coisas. E mais: ela era inteligente. A Sharon Stone já disse que uma vagina unida à inteligência transforma-se na arma mais perigosa do mundo. A Sharon Stone também sabe das coisas.

Teodora, como a maioria das mulheres, tinha tino para a administração, como se verá a seguir. Porque, passados dois anos de seu casamento, o imperador, convenientemente, morreu. Justiniano herdou a coroa. E Teodora tornou-se imperatriz. A primeira sugestão de Teodora para Justiniano foi decisiva para o futuro do império. Ela indicou Belisário para comandar os exércitos imperiais. Perfeito. Belisário era um gênio militar. Salvou Constantinopla várias vezes. Numa delas, derrotou os terríveis hunos.

A mulher desse Belisário, Antonina, era amiga íntima de Teodora. Até o ponto em que as mulheres conseguem ser amigas, claro, porque, como dizia Mario Quintana em seu poema sobre a amizade das mulheres:

> Dizem-se amigas... Beijam-se... Mas qual! Haverá quem nisso creia?
> Salvo se uma delas, por sinal, for muito velha ou muito feia.

Páginas adiante, falarei mais sobre esse sentimento expressado por Quintana. Por ora, o importante é que Antonina e Teodora eram companheiras de pândega, o que certamente influenciou na indicação de Belisário para o cargo.

Antonina, Teodora e mais algumas amigas delas, todas lindas e devassas, promoviam agitadas festinhas vespertinas nos aposentos da imperatriz. Acontecia assim: as moças estavam sempre observando os rapazes da cidade. Quando viam algum guapo, mandavam chamá-lo ao apartamento de Teodora. Às vezes ia um único rapagão, às vezes ele e um amigo, às vezes vários.

Por algumas horas, os dois grupos, meninos e meninas, entregavam-se a loucuras e prazeres inenarráveis, tão inenarráveis que não vou narrá-los. Só vou contar o que ocorria no final: Teodora tocava uma sineta e chamava Andrâmitis, que Henry de Kock descreveu como sendo "um eunuco negro, de enorme talhe", aquilo que lá no IAPI a gente chamava de um baita negão. O crioulo entrava nos quartos privados da imperatriz, sentia aquele odor de queijo ralado e já sabia o que fazer: conduzia os exaustos e felizes rapazes por uma porta vermelha.

– Por aqui, senhores – dizia, com sua voz de Agnaldo Rayol.

Os rapazes o seguiam, crendo que iam sair do palácio. Mas, assim que cruzavam a porta vermelha, Andrâmitis saía do quarto e os encerrava lá. A seguir, acionava um dispositivo que fazia o chão se abrir aos pés dos jovens. Os coitados despencavam por paredes repletas de arestas afiadas de rochas e rolavam ensanguentados até o fundo do Bósforo, que se encarregava de levar os corpos para bem longe.

O gigante Andrâmitis, silencioso e ameaçador, deu cabo da existência de dezenas de cidadãos que desagradaram à imperatriz. Quase sempre de maneira rápida e eficaz, mas volta e meia Teodora decidia que a vítima necessitava de tratamento especial. E então ela era assaz criativa. Inventou uma tortura muito engenhosa. Mandava amarrar o cliente a uma cadeira e atava fortemente uma tira de couro cru em volta de sua cabeça. Essa tira era molhada, secava e era molhada de novo, e assim paulatinamente, durante horas. Com o processo, o couro ia encolhendo e apertando o crânio do desgraçado de tal forma que os olhos se lhe saltavam das órbitas e rolavam pelo solo centenário da cidade de Constantino.

Teodora sabia ser má, quando queria. Mas também sabia ser uma governante prudente e eficaz. Seus palpites administrativos foram quase sempre vantajosos para o Estado, e, em 532, ela nada menos fez do que salvar a coroa.

Em 11 de janeiro daquele ano seria realizada uma decisiva corrida de quadrigas no hipódromo – vai ver era a final do campeonato. Momentos antes da disputa, a torcida encontrava-se agitada além do comum. Os verdes reclamavam que um importante oficial do palácio chamado Calopódios privilegiava os azuis. Alguns verdes, inclusive, haviam sido assassinados na véspera da corrida, o que mostra que as brigas entre torcidas não são de hoje. A indignação foi tamanha que logo os torcedores passaram a xingar o próprio imperador, que assistia a tudo da tribuna de honra. O prefeito da cidade, não admitindo tamanho desrespeito, lançou a guarda contra a multidão. Foi o que bastou para fazer com que todos, azuis e verdes, se colocassem contra o imperador. O conflito entre torcedores e soldados desbordou das paredes do circo e espraiou-se pela cidade, transformando-se na "Revolta Nike", assim chamada porque Nike, além de uma marca de tênis, é o nome da deusa grega da vitória pela qual os torcedores gritavam no hipódromo, "Nike! Nike! Nike!", assim como no século XXI gritam "Ah, eu tô maluco!"

A revolta não cessou mais. Durante três dias, a população enfrentou a soldadesca. Mulheres e crianças participavam, atirando pedras nos enviados de Justiniano. A súcia ateou fogo a algumas casas e, alimentado por um forte vento, o incêndio se alastrou pela cidade. Um quarto dos prédios de Constantinopla ficou reduzido a cinzas, os cadáveres se amontoavam nas esquinas. Uma semana depois de deflagrada a rebelião, a turbamulta estava prestes a invadir o palácio do imperador. Justiniano, apavorado, mandou reunir o tesouro imperial e levou tudo para navios ancorados no porto. Convocou os conselheiros e avisou que tinha decidido dar o fora. Quem fosse constantinopolitano que o seguisse! Teodora assistia em silêncio à azáfama covarde do imperador e de seus conselheiros. Quando falou, só sua voz se ouviu:

– Se queres fugir, césar, tudo bem: tu tens dinheiro, os navios estão preparados, o mar se abre diante de ti. Quanto a mim, eu fico. Não conhecerei o dia em que não serei mais chamada de imperatriz. A púrpura real cai bem como mortalha!

Depois dessa, Justiniano e seus amigos pusilânimes tomaram vergonha na cara e decidiram resistir. O general Belisário, que estava em campanha fora da cidade, voltou apressadamente, promoveu uma chacina pacificadora e tudo voltou à aprazível normalidade em Constantinopla.

Depois desse episódio, o prestígio de Teodora aumentou ainda mais. E ela, que já passara da idade da loba, resolveu se aposentar da atividade lúbrica. Concentrou-se nos negócios do Estado e, sempre com o beneplácito de Justiniano, fez um excelente governo. Construiu a famosa catedral de Hagia Sophia, embelezou o reino e transformou um suntuoso palácio no lar de quinhentas prostitutas recolhidas dos bordéis e das ruas da cidade. Nesse mosteiro em que as paredes recendiam a pudicícia, as ex-colegas da imperatriz às vezes se aborreciam com tanta santidade e preferiam se atirar ao Bósforo a prosseguimento a uma vida regrada e saudável, demonstrando cabalmente a histórica ingratidão das mulheres de vida fácil.

Teodora morreu de câncer no ano de 548. Justiniano continuou no trono, mas jamais se recuperou da perda. Até o fim da vida, quando queria jurar pelo que havia de mais sagrado, jurava pelo nome de sua amada Teodora.

A morte de Teodora deu-se na capital oriental do império, mas assinalou uma lenta porém profunda mudança que estava se dando no lado ocidental. Naquele século, a Europa entrou num período nebuloso, pouco conhecido pelos historiadores, que duraria quinhentos anos: a Alta Idade Média. Ou: a Idade das Trevas.

A Idade das Trevas

Idade das Trevas é o nome deliciosamente misterioso que os historiadores deram ao longo período que se estende da queda do Império Romano, no século V, até o ano 1000. Cerca de cinco séculos.

Idade das Trevas. Lembro da primeira vez em que li a respeito. A professora Gilda, uma professora de História que tinha uma ruga em forma de N na testa, minha professora preferida, falou sobre a Idade das Trevas, e o fez com voz impostada, uma voz grave de filme de terror, uma voz de Apocalipse:

– A Idaaade das Treeevas... – anunciou ela, cheia de reticências, e eu ouvia de boca aberta e ouvidos atentos.

O mundo havia mergulhado no caos, na desordem e na violência. As pessoas, ignorantes, imundas, analfabetas, esfaimadas, viviam quase como animais, temendo as forças da Natureza, o demônio, as bruxas e a escuridão. Os íncubos, diabos em forma de homem, visitavam as mulheres à noite e fornicavam com elas para com elas ter os filhos do Mal. Os súcubos, diabos em forma de mulher, seduziam os homens e os arrastavam para a perdição. A vigorosa cultura greco-romana jazia por terra, esquecida e mutilada. O homem ocidental quase retornara ao estado de selvageria da Idade da Pedra. A Idade das Trevas!!!

A Idaaaaade das Treeeevaaaas!!!!

Não foi bem assim.

Quanto à sujeira, bem, eles eram sujos mesmo. Nas cidades romanas, antes da Idade das Trevas, havia aquedutos que forneciam água farta e de boa qualidade à população, havia termas e banhos públicos. Inclusive alguns banhos mistos, onde eram aceitos homens e mulheres ao mesmo tempo. Essa modalidade de banhos descambou para a sacanagem, e era muito divertido.

As cidades romanas também possuíam latrinas públicas – filas de vasos sanitários dispostos lado a lado. O cidadão encaixava as nádegas romanas na latrina e, enquanto fazia suas necessidades, conversava com o vizinho sobre a última orgia promovida por Messalina ou comentava como era bom no tempo de Augusto. Esses romanos!

Na Idade das Trevas, não. Na Idade das Trevas (Alta Idade Média, para os íntimos), as pessoas viviam em propriedades rurais afastadas umas das outras, sem as benesses da urbe, como banhos e aquedutos. As necessidades, faziam-nas em fossas comuns. Os banhos eram raros e até pouco recomendados – a alegação era de que a água retirava da pele o óleo protetor, que desculpinha. Os mais pobres residiam em casas de peça única, por onde circulavam também os animais. As pessoas viviam em meio ao esterco, às moscas e às pulgas. À noite, dormiam todos, o marido, a mulher, os filhos, os criados, os agregados e até eventuais visitantes, juntos, sobre o mesmo colchão. Nus.

Esse hábito algo promíscuo, evidentemente, volta e meia acabava em grossa libidinagem, sobretudo do dono da casa com as cunhadas. As cunhadas sempre foram deliciosas, em todas as culturas, em todos os tempos, amém.

Na Alta Idade Média, as pessoas não comiam mais à maneira romana, reclinadas em uma cama, apoiadas no cotovelo. Agora, comiam à gaulesa, em mesas, sentadas em cadeiras. Muito mais prático. Assim, disseminou-se o uso do prato, o que não era comum entre os romanos. Melhor: os comensais podiam usar as duas mãos. Mas ninguém ainda tivera a ideia genial de inventar o garfo. Comia-se utilizando apenas colher e faca. Aliás, a palavra colher vem de concha, porque as primeiras colheres eram feitas de conchas marinhas.

Os patrícios romanos, quando faziam um banquete, colocavam a comida em uma mesa e espalhavam divãs em volta da sala, chamada *triclinium*. Cada convidado trazia sua própria colher. Na Alta Idade Média, havia só uma colher para cada casa. A colher era usada para servir a sopa ou o caldo numa tigela. A carne era cortada à faca e comida com as mãos. Alimentos menos sólidos, como cremes, eram comidos com pão. Uma lambuzeira.

Comia-se muito, na Idade das Trevas. Pobres e ricos empanturravam-se à grande. A cena final de todas as historinhas de Asterix e Obelix, os gauleses sentados em torno de uma enorme mesa, trinchando javalis, empanturrando-se até a madrugada, é uma cena que corresponde à realidade.

Em *História da vida privada*, os franceses Philippe Ariès e Georges Duby descrevem o final de uma farra pantagruélica em Tournai, com base em um documento da época: "Tirada a mesa, todos ficaram nos bancos onde se haviam instalado; beberam tanto vinho e se empanturraram de tal modo que os escravos e os convivas ficaram bêbados em todos os cantos da casa, segundo o lugar onde cada um tinha caído".

O mesmo livro faz uma lista do que cada monge da época consumia em seu mosteiro: 1,7 quilo de pão (mas cada monja, 1,4 quilo), 1,5 litro de vinho ou cerveja, de 70 a 100 gramas de queijo e um purê de lentilhas ou grãos-de-bico de 230 gramas (133 para as monjas). Quanto aos leigos, fizessem parte da criadagem do mosteiro, ou fossem totalmente externos a ele, se contentavam com 1,5 quilo de pão, empanturravam-se com 1,5 litro de vinho ou cerveja, mais de 100 gramas de carne e mais de 200 gramas de purê de legumes secos e 100 gramas de queijo para terminar. Essas rações alimentares contêm em torno de seis mil calorias.

Você sabe o que representam seis mil calorias? Pergunte à sua mulher. Todas as mulheres querem emagrecer dois quilos; assim, todas as mulheres sabem o que significam seis mil calorias num único dia, ingeridas por uma única pessoa.

Pelo menos não havia açúcar, naquele tempo. O açúcar foi descoberto durante as Cruzadas, no cerco a Antioquia, em 1098. A cidade resistiu por oito meses. Com a chegada do inverno, os cruzados que a sitiavam morriam de fome e de frio. Até que alguns descobriram uma fonte de alimentação estuante de energia: bastava mascar a doce cana chamada "zucra" (do árabe *sukka*). Os francos aprenderam como destilar o açúcar da cana, levaram a técnica para a Europa e, com ela, as cáries. Pelos oitocentos anos que se seguiriam, os ocidentais sofreriam com dentes podres e bocas arruinadas pelas bactérias.

Na Idade das Trevas, porém, as pessoas adoçavam a vida com mel. Existia inclusive uma bebida chamada hidromel, feita da fermentação do mel, ministrada aos noivos depois do casamento. A ideia era relaxá-los para favorecer a consumação do matrimônio, depois da cerimônia. Foi daí que se originou a moderna lua de mel.

O certo é que, odontologicamente falando, vivia-se melhor, na Alta Idade Média. Mas também não existia pudim de leite condensado. Horrível. Eu não gostaria de viver num mundo sem pudim de leite condensado.

Curiosamente, a alimentação do pobre era mais balanceada do que a do rico na Idade Média. Porque legumes, frutas e peixes não gozavam de prestígio entre a aristocracia. Os ricos gostavam era de carne vermelha assada diretamente no fogo, não cozida – cozido também se dizia ser coisa de pobre. Mas a comida de ricos, pobres e remediados, o companheiro de todas as horas, o campeão, o número 1, sem dúvida, era o pão. Comia-se pão o dia inteiro na Idade Média, de manhã, de tarde e de noite. Os temidos carboidratos. Quer dizer: os gordinhos e gordões abundavam.

Para se fazer comida, óbvio, há que se fazer fogo. A não ser que você seja um desses vegetarianos de cara amarelada, que comem saladas, bebem suquinhos e fazem pilates. Os homens antigos não tinham nada dessas frescuras. Os homens antigos apreciavam um bom assado, uma boa carne vermelha com sangue escorrendo. Foram milhares de anos de consumo de filés, costelas e picanhas gordas, e agora os macrobióticos vêm dizer que carne vermelha faz mal. Ora, se fizesse mal, a Humanidade não teria sobrevivido esse tempo todo! Vegetarianos. Abstêmios. Por favor! Hitler era vegetariano e abstêmio. Um vegetariano impecável. E usava aquele bigodinho!

Mas eu dizia que os homens da Idade Média precisavam do fogo. Em casa, uma vez aceso o fogo, jamais o apagavam. Tudo a ver com o fogo sagrado dos lares ancestrais descrito pela história do francês Fustel de Coulanges no seu magnífico *A Cidade Antiga*. Só que tem o seguinte: o isqueiro e o palito de fósforos ainda não haviam sido inventados. Então, como o homem medieval fazia fogo? Arrá! Com um instrumento chamado fuzil, uma peça de metal parecida com o soco inglês, que era atritada com uma pedra, produzindo faíscas. Muitas pessoas carregavam o seu fuzil o dia inteiro, pendurado no cinto.

Bem. Existe um motivo razoável para eu estar consumindo páginas e células cinzentas na descrição da vida na Idade das Trevas. É para dizer que aquela vida não era tão ruim assim. Sabe aquela música, *Casa no campo*, de Zé Rodrix, que a grande, a imortal, a insuperável, a única, a suprema Elis Regina do IAPI consagrou? A vida na Alta Idade Média não era tão diferente daquilo. Lógico, ninguém compunha rocks rurais, naquele tempo, nem havia discos e livros para serem plantados, mas, sem dúvida, tratava-se de uma existência tranquila, os dias se sucediam em imutável platitude, restritos ao ambiente familiar. E eis aí o busílis da questão: a família. O Estado perdera a força na Alta Idade Média, as religiões, tanto as pagãs quanto a cristã, ainda não tinham solidificado sua influência nos corações dos homens, e as cidades do Ocidente, outrora fulgurantes, haviam se esboroado. Restou a família. E a família é o ideal da mulher. Na família, a mulher reina, mesmo que o mando, supostamente, seja patriarcal. Por isso Mario Quintana escreveu aquele poema sobre a amizade entre as mulheres, da qual ele duvidava. Exatamente porque as mulheres não são movidas pelo mesmo sentimento gregário dos homens. Você não vai ver um grupo de mulheres indo pescar, elas passando um fim de semana juntas, em harmonia. Os homens, sim. Os homens faziam isso na época do velho e bom Neanderthal, passavam longas temporadas caçando e se divertindo juntos. As mulheres? Elas ficavam na caverna, lembra? Com as crias. Com a família! Cada uma forma o seu núcleo e torna-se concorrente da outra, a proprietária do outro núcleo. Quando um grupo de amigos sai para jogar futebol, deixando suas mulheres em casa, e, depois do jogo, os amigos ficam bebendo e trinchando costelinhas de porco e rindo e contando piadas, eles só estão reproduzindo os tempos áureos do *Homo sapiens*, o tempo em que homens eram homens e mulheres eram mulheres. A concorrência entre as mulheres, pois, é ancestral; bem como o sentimento gregário dos homens. Logo, a vida na Alta Idade Média, a chamada Idade das Trevas, era quase a ideal para as mulheres: seus homens viviam em casa, em função delas e dos filhos, mourejando de sol a sol, até o fim de suas miseráveis existências.

Quase ideal.

A vida no campo, de agricultura de subsistência, sem indústria, sem ciência, sem tecnologia, sem medicina desenvolvida, tem lá suas desvantagens. A taxa de mortalidade infantil ficava acima dos 45%, e a expectativa de vida não chegava aos 45 anos para os homens e quarenta para as mulheres. Alguém há de desconfiar: não seria o contrário? As mulheres não viviam mais? Não. Muitas morriam em consequência de partos mal assistidos ou de febre puerperal. Existiam poucos velhos na Idade das Trevas.

Devido à má nutrição, as pessoas eram baixinhas: média de 1m67cm de altura para os homens e 1m55cm para as mulheres.

Um dos maiores tormentos do ser humano sempre foi a necessidade de se deslocar de um lugar para outro. Hoje, inclusive. Por que o planeta está à beira do cataclismo ambiental com o aquecimento global? Por causa dos carros. Da necessidade de deslocamento, em última análise. Na Idade das Trevas, com a deterioração das estradas, as condições de transporte tornaram-se ainda mais precárias. Andava-se de carroça ou a cavalo. E andar a cavalo não cabia a qualquer um. O estribo só seria inventado lá pelo século XI. Para montar, o sujeito precisava saltar em cima do cavalo com as pernas abertas, apoiando-se com as mãos no dorso do animal. Para desmontar, outra acrobacia. Uma mulher muito frágil, uma criança ou um velho não conseguiam empreender todos esses movimentos de ginástica olímpica.

Mas o grande mal da Idade das Trevas certamente era a monotonia. Todos os dias eles faziam tudo sempre igual. O sol nascia no mar e morria atrás dos montes e nada mudava. Não havia mais o circo romano, as diversões nas termas, o bulício das cidades; os homens não tinham livros com que se entreter, nem festas, nem as saudáveis orgias do tempo do império. Uma chatice. A única distração era ouvir aquelas histórias da Bíblia, repetidas à exaustão, principalmente as que se referiam ao fim do mundo, ao Armagedon, ao Apocalipse, tão caro ao medievo, que passava a vida numa enervante espera pela volta de Jesus, que nunca acontecia.

Um prazo foi estabelecido para esse retorno. O ano 1000. Tem lógica: um ano redondo, uma data adequada para a expiração de qualquer prazo. Um milênio inteiro bastava para o homem se emendar. Como tal não ocorreria, tudo indicava que, no ano 1000, o cavalo branco, o vermelho, o preto e o verde dos quatro Cavaleiros do Apocalipse desceriam das nuvens, e os sete anjos que assistem diante de Deus receberiam suas sete trombetas, e a primeira seria tocada pelo primeiro anjo, advindo uma saraiva de fogo e sangue, queimando um terço da Terra, e o segundo anjo também soaria sua trombeta e como que uma montanha cairia no mar, transformando em sangue um terço das águas salgadas do planeta, e o terceiro anjo sopraria a sua trombeta e uma estrela despencaria do céu diretamente nos rios, fazendo arder, igualmente, um terço da água doce do mundo, e o nome da estrela seria Absinto e um terço das águas se transformaria em absinto, envenenando e matando os homens que delas bebessem, e, ao toque da quarta trombeta, um terço da luz do sol, das estrelas e da lua se apagaria, e a quinta trombeta anunciaria uma avassaladora nuvem de gafanhotos que afligiria os homens por cinco meses, e a sexta trombeta soltaria os quatro anjos que estão acorrentados à beira do rio Eufrates, executando uma terça parte dos homens por meio de fogo, fumaça e enxofre, e com a sétima trombeta se cumpriria o mistério de Deus, e fim, *consummatum est, the end*, o mundo acabou.

O homem medieval esperava todos esses acontecimentos desagradáveis para o ano 1000. O ano 1000 chegou, e, como sabemos, o mundo continuou a girar sobre seu eixo, tudo como antes. Os homens começaram a suspeitar que talvez o mundo só fosse acabar no ano 2000. Mais mil anos de prazo, tempo bastante para fazer muitas coisas. Foi quando os cristãos da Idade Média resolveram sair para as Cruzadas.

O que leva um homem a atravessar o mundo para fazer a guerra? Mais: percorrer três mil quilômetros a pé, nas parcas condições que a Idade Média oferecia ao viajante, enfrentando os perigos dos salteadores, das feras dos bosques, da fome e da peste, deslocando-se com dificuldade por caminhos inóspitos às vezes durante nove meses inteiros, o que leva um homem a cometer tamanho desatino? Luc Ferry, ex-ministro da Educação da França e filósofo, diz que todas as guerras têm fundo religioso. Na verdade, todas as guerras têm justificativas religiosas, causas político-econômicas e motivações sociais. Pedro, o Eremita, e o papa Urbano II encarregaram-se de fornecer a justificativa religiosa para a população da Europa fazer a guerra contra o Islã. Saíram pela Europa pregando a expedição ao Oriente, exaltando os cristãos, excitando o povo com sua verve.

O ponto alto da campanha de Urbano e Pedro foi o Concílio de Clermont, em novembro de 1095. Milhares de pessoas vieram de todos os cantos da

França, como se acorressem a um festival de rock. Não havia lugar para hospedar tanta gente na cidade, e nem assim os peregrinos se intimidaram – improvisaram barracas ou dormiram na rua mesmo. Foi construído um trono para o papa em meio à praça central de Clermont, onde ele se assentou com pompa, ao lado de seus cardeais. Pedro, o Eremita, foi o primeiro a falar, debaixo de sua capa de lã. Contou o que viu em sua peregrinação a Jerusalém, as supostas humilhações que os muçulmanos impingiam aos cristãos, clamou pela guerra. A multidão exultou. Terminado o discurso do Eremita, o papa levantou-se de seu trono. Silêncio reverente. O discurso que proferiu a seguir tornou-se uma das mais famosas peças de oratória da História. Um trecho:

> Ó raça dos francos! Raça amada e eleita de Deus! Dos confins de Jerusalém e Constantinopla chegou-nos uma notícia dolorosa, a qual diz que uma raça amaldiçoada, inteiramente afastada de Deus, invadira violentamente as terras desses cristãos e as despovoara com pilhagem e fogo. Essa raça levou uma parte dos cativos para a sua própria terra e matou a outra por meio de cruéis torturas. Eles destroem os altares, depois de os profanarem com sua impureza. O reino dos gregos está agora desmembrado e privado de um território tão vasto que não pode ser atravessado em dois meses.
>
> Sobre quem repousa então a tarefa de vingar essas afrontas e reconquistar este território senão sobre vós – a quem, acima de todos os outros, Deus conferiu uma notável glória em armas, grande bravura e força a fim de humilhar as cabeças daqueles que vos resistem? Que os feitos de vossos ancestrais vos

encorajem – a glória e a grandeza de Carlos Magno e outros monarcas vossos. Que o Santo Sepulcro do Nosso Senhor o Salvador, agora na posse de nações impuras, vos faça erguer-vos e aos santos lugares que se acham agora manchados com poluição... Que nenhuma de vossas posses vos atenha, nem a ansiedade por vossos assuntos familiares. Pois esta terra onde habitais, cercada de todos os lados pelo mar e pelas montanhas, é agora demasiado pequena para a vossa grande população; mal fornece suficiente alimento para os seus cultivadores. Eis por que vós vos matais e devorais uns aos outros, por que desencadeais guerras e muitos de vós pereceis em lutas intestinas.

Façamos, portanto, com que o ódio vos abandone; que vossas disputas terminem. Entrai no caminho para o Santo Sepulcro; arrebatai aquela terra de uma raça perversa e submetei-a a vós próprios. Jerusalém é uma terra mais frutuosa do que todas as outras, um paraíso de delícias. Aquela cidade real, situada no centro da Terra, implora que vades em seu socorro. Empreendei esta viagem seriamente para a remissão de vossos pecados e estejais certos da recompensa, da glória imperecível no Reino do Céu!

O povo, entusiasmado com essas palavras, bradou em uníssono:

– *Dieu li volt! Dieu li volt!*

Ou: Deus o quer!, em francês medieval. O papa tomou a frase como o grito de guerra da expedição. Para tornar seu discurso ainda mais convincente, Urbano anunciou um pacote de benesses para quem se engajasse na campanha: os servos poderiam abandonar o feudo ao qual estavam ligados, haveria isenção de impostos e moratória para juros de dívidas antigas, prisioneiros seriam postos em liberdade, condenados à morte teriam a pena comutada para alistamento vitalício na Palestina e, igualmente importante, os que morressem em combate teriam todos os seus pecados perdoados e a entrada no céu franqueada.

A data da partida da expedição foi fixada por Urbano II para agosto de 1096, mas era tal a ansiedade dos camponeses em rumar para o Oriente que seis meses antes eles já estavam prontos para marchar. Em março, Pedro, o Eremita, e Walter, o Sem Vintém, saíram da França liderando doze mil recrutas. Um exército composto de camponeses, vagabundos, pobres em geral – só oito dentre eles eram cavaleiros. Da Alemanha, outros cinco mil seguiram sob o comando do padre Gottschalk. E das margens do Reno o conde Emiko de Leiningen arregimentou um exército mais ou menos de igual tamanho.

Como se explica uma adesão tão entusiasmada?

Aí está a causa social da guerra: o homem da Idade Média estava fugindo da Idade Média. Fugindo daquela vida monótona, paupérrima, familiar, em que nada acontecia. Fugindo de suas mulheres, de seus filhos, da sua maldita roça, da sua vidinha medíocre. No Oriente, os homens encontraram a morte e a mutilação, encontraram as doenças venéreas trazidas pelas prostitutas que acompanhavam os bandos dos cruzados, encontraram a escravidão e a dor, mas também encontraram a aventura. Era isso que os homens queriam! Queriam voltar a sentir-se selvagens e livres como no tempo do Neanderthal. Queriam voltar a sentir-se homens.

Laços de sangue

Desde a sua invenção pela mulher, há doze mil anos, a família é um núcleo de poder. Por isso o homem aderiu a ela e a preservou, mais ou menos intacta, durante os séculos. Nunca, porém, a família foi tão poderosa como na Idade Média, sobretudo na Idade das Trevas.

Os Estados europeus estavam esfacelados. Os reis não mandavam muito mais do que hoje manda a rainha da Inglaterra. O poder estava com os senhores feudais e seus clãs. Eles eram donos de extensões de terra maiores do que alguns países e armavam exércitos mais numerosos do que os dos soberanos.

Verdade que, passada a Alta Idade Média, uma outra valência impôs-se no Ocidente: a Igreja Cristã. Que ainda não se denominava Igreja Católica. O termo "católico", que significa "universal", foi acoplado à Igreja Romana quando ela, precisamente, deixava de ser universal na Europa, e o protestantismo ganhava terreno.

O poder da Igreja cresceu da mesma forma que cresceu o poder da família: com a aquisição de terras, que lhe eram doadas pelos fiéis ou até arrebatadas pela força das armas.

Percebendo, exatamente, que as grandes famílias conquistavam cidades e mesmo países inteiros, os bispos tomaram uma atitude radical: instituíram o celibato clerical. Isso aconteceu no século XII, com o papa Inocêncio II. Com o celibato, as terras e riquezas da Igreja não seriam partilhadas com filhos e esposas, e a influência da Igreja aumentaria cada vez mais.

Deu certo. No fim da Idade Média, a Igreja substituía o Estado no controle da vida dos cidadãos. Mas, com o Renascimento, alguns clãs tornaram-se tão poderosos que inverteram o processo: conquistaram a Igreja de fora para dentro. O exemplo mais espetacular foi de uma família espanhola, que, ao se transferir para a Itália, alçou-se ao trono papal e, lá instalada, excedeu todos os limites da safadeza: os Borgia.

Uma família perigosa

É preciso um porco para fazer a *cantarella*. A *cantarella* era o veneno preferido dos Borgia, família de espanhóis que cometeu todo um renque de crimes durante o Renascimento, na Itália. Na lista dos Borgia está o adultério, o roubo, o incesto, a tortura e, claro, o assassinato por envenenamento com *cantarella*. A preferência da família por aquele veneno em particular tinha boas razões: uma vez administrada, a *cantarella* se mostrava infalível (ao que se sabe, só falhou uma vez), rápida e difícil de ser identificada.

A base da Cantarella é o arsênico. Os historiadores registraram duas fórmulas para prepará-la. Em ambas entra o porco. Assim:

Receita número 1:

1. Faça uma apetitosa bola de carne e arsênico.

2. Jogue a bola ao chão, perto do porco, chamando a atenção do porco para que ele a coma.

3. O porco comerá a bola com voracidade, como costumam fazer os porcos.

4. Em alguns minutos, o porco sentirá uma lancinante dor de barriga e gritará de um jeito como só um porco sabe fazer.

5. Pegue o porco. Amarre o porco. Pendure o porco de cabeça para baixo no galho de uma árvore.

6. O porco vai estrebuchar e sentir violentos espasmos e guinchar de dor. Não fique com pena.

7. Em breve, o porco irá falecer. Depois de dado o seu passamento, faça o sinal da cruz e coloque um pote de bom tamanho exatamente sob a boca semi-aberta do porco.

8. Espere.

9. Espere.

10. Uma baba entre amarela e marrom escorrerá da boca do porco e pingará dentro do pote. Essa baba é a *cantarella*. Uma ou duas gotas num copo de vinho são o suficiente para devorar as entranhas de qualquer síndica de edifício.

RECEITA NÚMERO 2:

É exatamente igual à número 1 até a fase 4. A partir daí, você não precisa amarrar o porco, nem pendurá-lo em uma árvore. Melhor. Isso deve dar um trabalhão, até porque o porco estará esperneando desesperadamente. Na receita número 2 você precisa apenas esperar que o porco morra. Morto o porco, aí, sim, há que se trabalhar um tanto: você terá de abri-lo pela barriga e arrancar-lhe o intestino. Nojento, sei, mas, se você realmente quiser usar a *cantarella* na síndica, terá de fazer algum sacrifício.

De posse do intestino, você terá de esperar que ele seque. Isso leva alguns dias, suponho, já que nunca sequei intestino de porco e os historiadores que escreveram a respeito dos Borgia não se imiscuíram nesse detalhe. Então, tome o intestino seco, moa bem moidinho, e, pronto, o pó branco que se originará do processo é a temida *cantarella*.

Os Borgia gostavam do veneno em pó. Falou-se muito, no século XV e pelos séculos vindouros, dos anéis de Lucrécia Borgia. Adornados com enormes pedras preciosas, na verdade eram ocos. Premendo um dispositivo, Lucrécia fazia a pedra do anel abrir-se como uma tampa. No interior havia uma porção de *cantarella*, que ela despejava na bebida de algum convidado indesejável, mexia como se fosse Nescauzinho e dava para o infeliz provar. Um ou dois goles e, PAM!, um italiano a menos na face da Terra.

Os talentos de Lucrécia Borgia não se resumiam a abreviar a passagem de seus desafetos por esse Vale de Lágrimas. Os contemporâneos diziam que ela era a mulher mais linda da Itália. Magra, alta, elegante e loura, devia ser algo como as nossas meninas de Cruz Alta e Horizontina.

Em 1816, o poeta inglês Lord Byron visitou a Biblioteca Ambrosiana, em Milão, e lá manuseou dez cartas que Lucrécia escreveu para um de seus tantos amores. Entre o fino papel das cartas, Lucrécia acomodou um presente para o amado: cachos de seus cabelos loiros. Lord Byron tomou com as próprias mãos um dos cachos, e foi o que bastou para, ele também, 303 anos depois da morte de Lucrécia, apaixonar-se por ela. "Fiquei seduzido por aquele cacho de cabelos louros, os mais encantadores e mais belos que se possam imaginar", escreveu o poeta. "Nunca vira cabelos mais admiráveis. Se pudesse, de qualquer maneira honesta, conseguir um daqueles fios, eu tentaria."

Henry de Koch, na sua história das cortesãs, diz que Byron tentou e conseguiu. Roubou um único fio do cabelo de Lucrécia e guardou-o como relíquia.

Lucrécia dava atenção especial a seus cabelos – lavava-os todas as semanas, para espanto de seus coetâneos dos séculos XV e XVI, época em que se dizia que lavar cabelo e tomar banho até mal fazia. O pintor Bartolomeo Veneziano retratou Lucrécia debaixo de seus cabelos loiros encaracolados e compridos, linda, o pequeno e firme seio esquerdo nu. Deve ter sido bom de vê-la.

Lucrécia era poderosa por ser filha de ninguém menos do que... o papa! Não se trata de sentido figurado: o papa, padre, pai de todos os católicos, aquela coisa. Não. O espanhol Roderigo Borgia, que ao se acomodar na curul do Vaticano assumiu o nome de

Alexandre VI, era pai biológico de Lucrécia e de algumas outras criancinhas serelepes. Que mais serelepes ficaram à medida que cresceram.

Havia certa rivalidade entre os dois irmãos mais velhos de Lucrécia, César e Jofre. Causada, a rivalidade, pelo sentimento que eles nutriam pela própria irmã. Ambos a amavam com intensidade doentia e, pelo menos num dos casos, a culpa por tal paixão coube ao pai deles.

Quando Lucrécia completou treze anos, Alexandre VI decidiu que ela devia se casar. Os casamentos davam-se mais para selar alianças políticas ou econômicas do que por amor. Alexandre queria um acordo favorável com os Sforza, poderoso clã de Milão, mas não admitia correr riscos de transferir parte do seu poder para outra família. Seria importante, pois, que Lucrécia mantivesse laços afetivos permanentes com os Borgia.

Alexandre acreditava que o homem que deflorasse a filha ganharia sua fidelidade eterna. Por esse raciocínio, o primeiro homem de Lucrécia deveria ser um Borgia. O próprio Alexandre escolheu César para a tarefa, levou o casal para o quarto e orientou o ato. Guiou as mãos do rapaz nas carícias, fez com que fornecesse à irmã os prazeres das preliminares, impediu que ele se precipitasse na consumação e estremeceu de desejo ao testemunhar o êxtase a que se entregavam os dois irmãos.

O papa cometeu um pequeno erro de cálculo ao promover o incesto entre seus dois filhos, porque foi César quem, a partir daquele dia, tornou-se escravo de Lucrécia.

O ciúme que César tinha da irmã foi o agente que a transformou em viúva repetidas vezes. Os maridos de Lucrécia pareciam bem de saúde numa noite e, na manhã seguinte, surgiam boiando nas águas do Tibre. Um deles safou-se de forma bizarra: os Borgia anularam o casamento acusando-o de impotência. O rapaz foi embora para casa contente, arranjou outra mulher, essa proveniente de família menos nobre, menos carola e menos perigosa, e teve três filhos.

César eliminava todos os que se aproximavam em demasia da irmã. Uma ou outra orgia, tudo bem, mas nada de envolvimento sério.

Um dia, ele foi longe demais. Foi quando deu cabo do próprio irmão, Jofre. O papa ficou descontente, disse que ele não deveria ter matado o irmãozinho; Lucrécia reclamou que aquilo era realmente desagradável, e a vida seguiu em frente.

César só admitia que um homem partilhasse Lucrécia com ele: o pai. Afinal, além de pai do casal, Alexandre VI era o papa!

César foi um dos estadistas mais importantes da Europa, no seu tempo. À custa de muitas guerras, reconquistou os chamados Estados Papais para o Vaticano. Era tão maquiavélico que Maquiavel se inspirou nele para escrever *O príncipe*.

Depois de enviuvar pela terceira vez, Lucrécia casou-se com o duque de Ferrara, foi para o norte da Itália, continuou acumulando amantes, mas, ao que se saiba, não envenenou mais nenhum. Nunca mais viu César ou Alexandre VI.

Esses dois, pai e filho, seguiram servindo *cantarella* a quem os desagradasse. Um dia, no entanto, um criado enganou-se com as garrafas de vinho e ministrou aos anfitriões a bebida que estava destinada aos convidados. Alexandre e César foram envenenados por *cantarella*. César conseguiu se salvar valendo-se de um antídoto pouco ortodoxo: abriu um burro pelo ventre e enfiou-se dentro dele. Saiu de lá curado.

Hum. Não sei se acredito nessa história. Em todo caso, se você for envenenado por *cantarella*, é melhor ter um burro à mão.

Alexandre não teve tanta sorte. Agonizou durante oito dias e, ao pressentir que estava em seus momentos finais, deve ter pensado nas realizações da sua existência, deve ter lembrado o incesto cometido com a filha, as bacanais promovidas na corte do Vaticano, os homens de quem mandou decepar mãos e arrancar línguas, os que assistiu sendo esfolados vivos e todos os tantos e tantos que morreram por meio do veneno que ora o matava, deve ter pensado nisto tudo para formular sua última frase, dita antes de seu último suspiro:

– Agora já posso entrar no Reino dos Céus...

Outra família perigosa

Quando penso na rainha Margot, imagino a Isabelle Adjani. Aquele filme que ela fez... Gostaria de falar seriamente sobre a Isabelle Adjani, há coisas importantes a dizer a respeito, mas, por ora, vou resistir a esse poderoso impulso e ater-me ao assunto deste livro. Talvez no próximo. Um livro só sobre Isabelle Adjani, sobre seus lábios carnudos e seus olhos tristes, sobre sua pele branca, de leite, e suas pernas roliças, oh, que sonho, que prazer, que delícias inenarráveis, que... Estou me empolgando de novo. O tema agora é:

A rainha Margot.

Não há como falar na rainha Margot sem falar na mãe dela, a terrível Catarina de Médicis. Terrível mesmo. Durante sua razoavelmente longa vida, Catarina de Médicis jamais se viu atrapalhada pelo subalterno sentimento do escrúpulo. Quando precisou trair, traiu. Quanto precisou matar, matou. Catarina fazia o que tinha de ser feito. Ponto.

Como o nome o diz, Catarina pertencia à família dos Médicis, poderosíssimo clã florentino. Florença, nos albores do Renascimento, era mais requintada do que Paris. Só para se ter ideia da importância de Florença na época, lembre-se de que Michelangelo e Leonardo da Vinci viveram na cidade. É lá em Florença que está o *David*, de Michelangelo, bela e imponente estátua de cinco metros de altura. Também está a *Vênus* de Botticelli. Conheci uma moça muito parecida com essa Vênus, sei o que Botticelli sentiu diante de seu modelo. Leonardo da Vinci, aliás, foi muito influenciado por um dos Médicis, Lourenço, aquele a quem Maquiavel dedicou *O príncipe*, livro que, você já sabe, foi inspirado nas façanhas de César Borgia. Lourenço também foi autor de alguns feitos. Entre eles esteve o de gerar Catarina, que, adulta, colocaria em prática muitos dos ensinamentos de Maquiavel.

Catarina levou essa bagagem cultural para a França quando se casou com o futuro rei Henrique II. Ao instalar-se no Louvre, antiga sede da corte de Paris, ajudou no refinamento dos costumes semibárbaros dos francos. Até a chegada de Catarina, os franceses não conheciam o útil e higiênico instrumento do garfo. Mesmo as princesas mais delicadas cortavam a carne com faca e seguravam o naco com as mãos nuas. Os cozidos e as sopas, ou os tomavam diretamente da tigela ou os embebiam em pedaços de pão. Tudo muito melequento.

Catarina ensinou boas maneiras aos cortesãos. Ensinou-lhes como se portar diante de autoridades, como dar uma festa, como receber, como se vestir e até como comer. Sobre boas maneiras à mesa, alguns dos manuais de conduta italianos trazidos pela rainha ditavam, por exemplo:

> Pode-se assoar o nariz com os dedos, desde que se tenha o cuidado de pisar sobre aquilo que se acaba de expulsar.
> Não tire meleca com o dedo nu. Use uma luva.

> Não cate pulgas ou piolhos à mesa.
> Evite a emissão de flatulências juntando as nádegas e apertando-as bem.

Deviam ser jantares agradáveis, esses do Renascimento.

Catarina gostava muito de cavalgar, mas não da forma como o faziam as francesas, instaladas num incômodo assento de madeira acoplado à sela. O ato de montar, porém, trazia dissabores às meninas, porque elas não usavam nada por baixo das saias. Logo, sempre que uma moça abria as pernas para acomodar-se no lombo do cavalo, era grande a diversão dos rapazes do entorno. Para resolver o problema, Catarina bolou uma calçola, que era vestida sob a saia. As mulheres do reino aderiram alegremente à novidade. Em pouco tempo, a calçola foi aperfeiçoada, reduzida, adereçada e transformou-se na moderna, macia, cheirosa e excitante calcinha. Catarina de Médicis foi

a inventora da calcinha. Bastava isso para incluí-la no panteão dos personagens mais importantes da Humanidade!

Catarina não se destacava pela beleza. Eu disse que não entrava mulher feia neste livro. E não é que ela fosse feia, para feia não servia, mas não passava de uma comunzinha. Só que uma comunzinha que fez diferença na sua passagem pela superfície do planeta.

O problema estético de Catarina foi que começou a engordar. Gostava de comer, essa é a verdade. Ao apresentar-se à corte do Louvre, trouxe junto, diretamente da Itália, três cozinheiros florentinos, um sorveteiro de Urbino e mais alguns chefes de cozinha. Mudou o estilo de alimentação da corte de Paris. Substituiu os pratos típicos da Baixa Idade Média, compostos basicamente de assados gordurosos e molhos densos, pela delicadeza da gastronomia italiana. Amava sopas de cebola, fritadas, pato com laranja, crepes e doces.

Bruno Astuto, autor de uma excelente biografia de Catarina, descreve um pequeno lanche da rainha, consumido de uma única vez na Sexta-Feira Santa de 1563: dez libras de amêndoas, doze docinhos e oito pratos de geleias variadas. Catarina passava o dia se lambuzando.

Astuto conta que Joana d'Albret, rainha de Navarra, escandalizou-se com a furiosa descarga de gases emitida por Catarina após uma refeição de dezenas de melões. Diz que a meiga filha de Lourenço de Médicis ficou tão gorda que, certo dia, os súditos precisaram alargar a porta de uma igreja a fim de permitir sua passagem. O pior foi a vez em que um cavalo morreu esmagado sob o peso da rainha. A mulher matou um cavalo de tão gorda!

A procriação se constituía num dos principais deveres dos reis e das rainhas. Tal obrigação gerou inúmeros dramas, tragédias e até comédias. Ficou famoso o caso de impotência de Luís XVI, que levou sete anos para consumar seu casamento com a linda austríaca Maria Antonieta. Stefan Zweig dedica todo um capítulo do livro que escreveu sobre Maria Antonieta à incapacidade do rei para cumprir sua obrigação. Relata que não apenas a sogra de Luís, a imperatriz Maria Tereza, sabia do caso: o mundo inteiro o discutia.

> Ainda se fosse somente a sogra que naqueles tempos soubesse da impotência do genro! A verdade é que todas as camareiras falavam nisso, todos os cavalheiros e oficiais se ocupavam com isso, sobre isso conversavam os criados e as lavadeiras da corte. O rei mesmo, à mesa, suportava muitas alusões, bastante apimentadas. Finalmente, desde que a sucessão de um Bourbon não é assunto exclusivo da política interna do país, tratam disso todas as cortes estrangeiras, e estas, talvez, com mais interesse ainda. Nos relatórios dos embaixadores da Prússia, Saxônia, Sardenha, encontram-se muitos pormenores a respeito dessa questão delicada; o mais zeloso entre todos, o embaixador da Espanha, o conde Aranda, manda examinar, por criados pagos, os lençóis da cama do casal real, para descobrir as origens daquele acontecimento fisiológico. Em toda a Europa os soberanos escrevem e riem do seu inábil colega real.

Zweig acreditava que Luís sofria de fimose, mas há indícios de que ele tinha micropênis, moléstia popularmente conhecida como "bico de chaleira", não sei como se diz isso em francês.

Mas Catarina. Ela permaneceu infértil por dez anos. Tentou de tudo para se curar. Um dos remédios foi, ergh, urina de égua, que ela bebia todas as noites. Em vão. Até que um médico examinou os órgãos reprodutores do casal e diagnosticou que o Fusquinha do rei não era compatível com a vaga na garagem da rainha. A receita do médico foi intensificar as sessões de sexo e variar as posições. Henrique e Catarina deviam tentar todas as acrobacias possíveis, inclusive a celebérrima Abóbora-de-Pescoço Ensebada.

Deu certo!

Henrique e Catarina tiveram dez filhos, dos quais sete sobreviveram.

Como se vê pelo repugnante caso da urina de égua, Catarina acreditava em poções, venenos, encantamentos e profecias. Até porque viveu no tempo do homem que é sinônimo de profecia: Michel de Nostradamus. Mulheres adoram consultar astrólogos e cartomantes. Uma mulher, uma rainha, tendo a chance de se aconselhar com Nostradamus, perdê-la-ia? Por mil mesóclises, claro que não! Catarina chamou Nostradamus à corte. Vivia pedindo-lhe predições, e ele as fazia. Mas como Nostradamus não era aquela cartomante charlatã que você, leitorinha, foi encontrar naquela casa sombria de madeira, no fundão da periferia, ele às vezes apresentava vaticínios que não agradavam à rainha. Um deles avisava que a França seria governada por um rei de um olho só. Ninguém entendeu e todos acharam improvável. Em seguida, Nostradamus vaticinou a morte do próprio marido de Catarina, o rei Henrique. A fatalidade foi descrita desta forma na quadra 35 da Centúria I:

> O jovem leão o mais velho ferirá
> No campo de batalha, em luta singular
> Na caixa de ouro seus olhos ferirá
> Duas feridas em uma, e uma morte cruel.

Não deu outra. Três anos depois da predição de Nostradamus, o rei foi participar de um daqueles torneios de cavalaria tão em voga na Idade Média, em que um cavaleiro avança contra o outro sobraçando uma lança de seis metros de comprimento. Os dois se chocam, e quem aguentar o impacto é o campeão. Esse tipo de competição estava meio fora de moda no Renascimento, mas Henrique II continuava sendo um adepto entusiasmado do esporte, se é que se poderia chamar aquilo de esporte.

Durante a cerimônia de casamento de uma cunhada de Catarina, o rei da França desafiou o tenente de sua guarda escocesa, Gabriel de Montgomery, para uma justa. Vestiu a armadura brilhante e empunhou a longa lança de madeira. No instante em que cobriu a cabeça com o elmo dourado, Catarina estremeceu: a caixa de ouro da profecia de Nostradamus! A rainha suplicou ao marido que desistisse da luta, mas o rei desdenhou de suas preocupações e encaminhou-se estufado de garbo real para a arena. A luta começou. Logo na primeira investida, seu oponente, mais jovem do que ele, enfiou-lhe a ponta da lança elmo adentro. A madeira partiu-se em duas, uma lasca furou a garganta e a outra um olho esquerdo do rei. Toda a assistência gritou de horror. Na tribuna, o primogênito, Francisco, e as damas à sua volta desmaiaram. Henrique levantou-se, trôpego, com um pedaço de madeira fincado na órbita ocular, e ainda teve forças para subir os degraus do palácio até a cama. Deitou-se. Os médicos acorreram. Quando a ponta da lança foi arrancada de seu rosto, o tremendo grito de dor do soberano fez vibrar as paredes de pedra da casa. Henrique sofreu com febres e dores lancinantes durante onze dias, período em que a França, pela única vez em sua história, teve um rei com um olho só.

O leão mais jovem ferira o mais velho, no campo de batalha, em luta singular. Sua lança penetrara através da caixa de ouro do elmo do rei, abrira-lhe duas feridas e acarretara-lhe uma morte cruel.

A profecia inteira se cumprira, linha a linha, verso a verso.

Catarina pranteou a morte do marido como poucas esposas já prantearam. Mas havia algo além da dor da perda que a inquietava. Porque aquele não fora o único vaticínio do vidente acerca da sua família. Nostradamus disse também que três de seus filhos iriam reinar, mas que a dinastia dos Valois não iria além deles. Isso significava que todos morreriam inférteis, algo bastante improvável.

Mas foi o que aconteceu.

Um depois do outro, os filhos de Catarina foram morrendo, até que o reino sobrou para o marido da rainha Margot, Henrique, rei de Navarra, que assumiu o trono como Henrique IV, governou com competência por 23 anos e fundou a linhagem real dos Bourbon na França.

E aí chegamos ao ponto onde deveríamos estar, o capítulo mais espetacular desta história: o casamento da rainha Margot.

Uma das razões da má fama do mês de agosto é o casamento da rainha Margot. Não exatamente devido ao casamento, que se deu no dia 18, mas ao que ocorreu no dia 24, mesma data em que Getúlio Vargas meteu uma bala calibre 32 no peito e saiu da vida para entrar na história, quatro séculos depois.

Todas as mulheres querem casar. Todas! Não acredite naquela que vem arrostando que não pensa em casamento nem em filhos, que o que importa é a liberdade, é a privacidade, bibibi. Trata-se de uma cilada. Quando você estiver envolvido, definitivamente enrodilhado na teia gosmenta que ela teceu de dentro daquela minissaia, ela vai argumentar que o amor a transformou, que o ama tanto a ponto de ter mudado de ideia e, agora, nesta inusitada situação da sua vida, espera que você sinta o mesmo, e você vai se achar muito importante e num instante estará com o dedo dentro de uma aliança dourada.

Portanto, não se iluda: todas elas querem casar. Mas Margot, naquele momento, não tinha nenhuma vontade de contrair matrimônio. Por vários motivos:

1. Não era ela que havia escolhido o noivo.

2. Ela tomava banho todos os dias, um fenômeno de higiene para o século XVI, enquanto Henrique banhava-se uma vez por ano, e olhe lá.

3. Ela ainda não completara dezoito anos e vivia dias excitantes na corte. Era linda e liberada sexualmente. Acumulava amantes, entre eles pelo menos um de seus irmãos, talvez dois, quem sabe mais.

O casamento não passou de um arranjo político-religioso. Com a reforma promovida por Lutero e Calvino, guerras entre católicos e protestantes estouraram por toda a Europa. As pessoas prendiam, torturavam e matavam em nome da piedade, do amor, de Deus e de Jesus Cristo, pobre Jesus Cristo.

A Alemanha seria dilacerada pela Guerra dos Trinta Anos, que quase dizimou a população dos estados germânicos. Foi um conflito tão arrasador que, proporcionalmente, matou mais alemães do que nas duas guerras mundiais do século XX.

Na Inglaterra, uma das filhas de Henrique VIII, Maria, lutaria com tanto denodo em favor do catolicismo que passou à História com a alcunha de Bloody Mary, ou Maria Sanguinária, nome de um drinque de sabor medonho feito com vodca, suco de tomate, limão, sal e molho inglês, não beba isso, peça um chope.

Na França, foram travadas oito guerras entre católicos e protestantes, as chamadas Guerras de Religião. A união de Margot, princesa católica, com Henrique, rei protestante, devia servir para aplacar a ira beata dos dois lados.

A princípio, a mãe de Henrique, Joana de Navarra, não aprovou a ideia. Tratava-se de uma carola furiosa. Fez um alerta ao filho, descreveu o Louvre como um antro de pecado, de vícios e de sexo casual.

– Lá, as mulheres é que tentam conquistar os homens – advertiu, o que deve ter feito Henrique apressar a viagem a Paris.

Joana ainda disse que preferia a morte a assistir a uma missa, e Catarina levou a declaração a sério: deu à colega rainha um par de luvas de presente. As luvas tinham sido embebidas em um poderoso veneno florentino que penetrou por debaixo das unhas de Joana, infiltrou-se na pele de seus dedos e das suas palmas, invadiu-lhe a corrente sanguínea e a matou em poucos dias.

Assim, Henrique casou-se com Margot, e ela se tornou a rainha de Navarra. A rainha Margot. Durante a festa de casamento, Paris encheu-se de huguenotes, que era como os franceses chamavam os protestantes. O ambiente ficou tenso. Para piorar a situação, o rei, Carlos IX, tomou-se de amores pelo líder dos huguenotes, o almirante Coligny, a quem chamava de "pai" e por quem Catarina nutria um ódio tão gordo quanto ela própria.

Esse Carlos IX já era o segundo filho de Catarina a reinar. O primeiro, Francisco, morrera havia mais de dez anos com o corpo intumescido de inflamações. Há quem diga que a doença contou com o auxílio corrosivo dos venenos florentinos de Catarina, mas aí talvez seja descrer demais da natureza zelosa da maternidade.

Catarina dominava o rei e reinava por meio dele. Passou dias pressionando-o para que desse cabo de Coligny. Carlos resistia. Até que a mãe jogou com a covardia do filho: ameaçou ir embora do Louvre, recolher-se em um castelo retirado e nunca mais voltar. Apavorado com a ideia de ficar sozinho, Carlos explodiu:

– Se vocês querem matar o almirante, matem! Matem! Mas matem todos os huguenotes, para que não sobre um para me recriminar! Matem todos! Matem todos!

E saiu correndo da sala, para se refugiar em seu quarto.

Matem todos.

Foi o que os católicos fizeram. Mais do que eliminar rivais religiosos, aproveitaram para resolver desavenças pessoais, rixas e antipatias, para liquidar dívidas e acertar contas com desafetos. Os huguenotes, desprevenidos, eram caçados como ratos pelas ruas de Paris. No dia seguinte, mais de três mil jaziam assassinados. O corpo do almirante Coligny, decepado, balançava em uma árvore, pendurado pelos pés. A matança continuou pelos dias seguintes por toda a França. Calcula-se que mais de dez mil protestantes foram massacrados nos horrores desencadeados pela noite de 24 de agosto, a Noite de São Bartolomeu.

A biografia de Catarina de Médicis ficou marcada pela Noite de São Bartolomeu. Sua vida prosseguiu repleta de acontecimentos até o fim, quando ela tinha perto de setenta anos, mas nada foi mais forte ou mais destruidor. Catarina se transformou num símbolo de tirania para os franceses.

Quanto ao marido de Margot, ele esperou que o último dos filhos de Catarina morresse e assumiu o trono francês. Para ser coroado, devia converter-se ao catolicismo, o que fez com muito senso prático, pronunciando sua famosa frase:

– Paris bem vale uma missa.

Margot, porém, logo deixou de ser rainha. Como fosse estéril, Henrique divorciou-se dela. E ela não ficou ressentida. Ao contrário, prosseguiu comportando-se como boa amiga do rei até o fim da vida. Sobretudo porque Henrique, com a generosidade dos sábios, destinou-lhe uma pensão para lá de digna. Margot foi morar em um castelo em Agen, onde continuou divertindo-se com seus amantes até morrer, feliz, aos 62 anos de idade.

Os dois Dumas

O mais saboroso livro acerca do Massacre de São Bartolomeu é *A rainha Margot*, de Alexandre Dumas.

Dumas teve, ele mesmo, uma existência romanesca que cairia muito bem em um de seus livros. Seu avô era um nobre francês perdulário que, ao endividar-se até os gorgomilos, fugiu para a fazenda que seu irmão adquirira no Haiti. Na fazenda, o bode lúbrico seduziu não uma, nem duas, mas três escravas e com elas evadiu-se do lugar. Instalou-se em outra região do Haiti e, como continuasse perseguido pelos credores, vendeu as três mulheres. Com o dinheiro da venda, comprou outra, mais bonita, chamada Marie-Celeste Dumas. Com Marie-Celeste, o velho gaiato teve quatro filhos, entre eles Thomas-Alexandre, que mais tarde seria o pai de Alexandre Dumas.

As dívidas ainda acossavam o detestável senhor. Desta forma, ele mais uma vez lançou mão de seu artifício preferido para amealhar fundos: vendeu algumas pessoas. Talvez por ter se afeiçoado a Marie-Celeste, ou talvez porque, depois de quatro partos, ela já não valesse mais tanto, o ladino cavalheiro considerou mais apropriado pôr os filhos em liquidação. Assim o fez. Vendeu os quatro por bom preço.

Quando o abominável fidalgo melhorou de finanças, recomprou Thomas-Alexandre. Não por estar sofrendo com remorsos, que, como se vê, ele não era disso. O que o pelintra pretendia era que o filho o sustentasse na velhice. Thomas, suficientemente escaldado com a história de sua própria venda, não gostou da ideia. Aproveitou a liberdade para sair de casa, alistar-se no Exército e ir ser *gauche* na vida.

Funcionou. Thomas ascendeu no Exército, chegou ao posto de general e lutou ao lado de Napoleão Bonaparte, o que era de bom alvitre para um militar francês do final do século XVIII. Depois de inúmeras peripécias, Thomas desentendeu-se com Napoleão Bonaparte, o que não era de bom alvitre para um militar francês do final do século XVIII. Acabou preso. Após algum tempo vendo o sol se pôr quadrado atrás do Sena, conseguiu a liberdade e resolveu experimentar uma existência mais tranquila. Mudou-se para o inte-

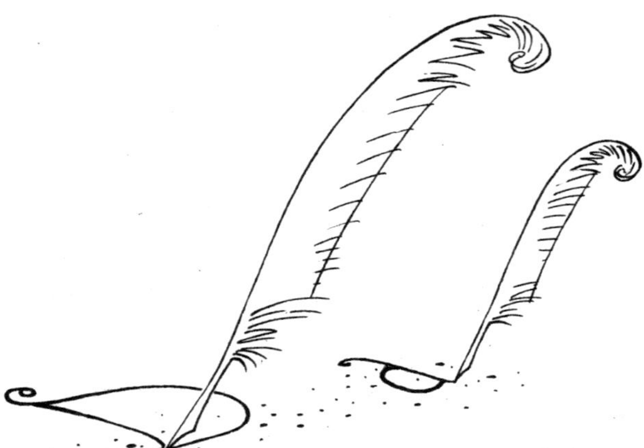

rior bucólico da França, mais precisamente para uma cidadezinha chamada Villers-Côterets. Foi onde nasceu Alexandre Dumas, em 24 de julho de 1802.

Forte, alegre, boêmio, cheio de energia e alegria de viver, Alexandre Dumas tinha temperamento para se transformar em aventureiro, como foram seu pai e seu avô. Mas, ao assistir a uma peça de Shakespeare, em Paris, sua vida mudou. Ele decidiu:

– É isso que quero para mim.

Ou seja: queria ser escritor. Queria escrever peças de teatro. Queria ser o Shakespeare francês. A partir daquela noite, Dumas passou a fazer exatamente o que um candidato a escritor precisa fazer para obter sucesso: leu. Lia tudo o que lhe caía nas imensas manoplas. Ao mesmo tempo, praticou. Aperfeiçoou o estilo. Em 1829, sua peça *Henrique III e sua época* foi encenada na Comédie Française, encantando os parisienses. Era só o começo. Alexandre Dumas converteu-se num sucesso tonitruante, no homem que mandava no teatro de Paris. Chegou a contratar outros escritores para trabalhar com ele, montando uma empresa de produção literária do tipo que levaria Sidney Sheldon a vender trezentos milhões de livros no século XX. Depois de atingir o zênite francês com as peças de teatro, Dumas investiu nos romances. Alguns deles, como *Os três mosqueteiros*, *O máscara de ferro* e *O conde de Montecristo*, ergueram-no à imortalidade. Dizia ser autor de mais de mil obras. Um exagero: foram só trezentas.

Tenho algo a acrescentar sobre Alexandre Dumas, antes de falar sobre seu filho. O seguinte: trata-se de um injustiçado. Os franceses do século

XIX o comparavam com Victor Hugo, Balzac e Zola, com desvantagem para Dumas. Consideravam-no tão somente um autor de histórias de capa e espada, um contador de aventuras, enquanto os outros três ganhavam a classificação de escritores "sérios". Ora, Alexandre Dumas, tanto quanto qualquer um deles, pintou um retrato da França, e não apenas de seu tempo. Graças a ele, Catarina de Médicis, Henrique III e a rainha Margot, entre outros, são personagens universais. Não por acaso, Isabelle Adjani, Leonardo DiCaprio *et caterva* interpretam, no século XXI, personagens criados por Dumas duzentos anos antes. E o estilo de Alexandre Dumas! O estilo é uma delícia. Um texto irônico, divertido, que faz o leitor sorrir a cada linha. Vou dar um exemplo, catado de uma de suas obras mais espetaculares. A minha preferida, talvez. Não é uma obra de ficção. É o *Grande dicionário de culinária*, que Alexandre Dumas, ele que escrevia um livro a cada dois meses, levou quinze anos para concluir. Num trecho desse *Grande dicionário*, Dumas escreve para seu amigo Janin, como se redigisse uma carta. Aborda uma grave questão gastronômica que deveria ser melhor debatida hoje em dia, triste época em que as pessoas se alimentam de barras de cereais e gastam duas horas de seu dia fazendo pilates e alongamento. As saladas, eu não diria que sejam odientas, mas são desprezíveis. São insignificantes. Dumas faz "reflexões sobre a salada", e diz para seu amigo Janin:

> Falemos em primeiro lugar da salada em geral, antes de atacar os diferentes gêneros de saladas em

particular; e, quando digo "atacar", compreenda que me sirvo de uma palavra adotada, querendo dizer "passar em revista" e não "cometer um ato de hostilidade". Deus me proteja de cometer um ato de hostilidade contra um gênero de saladas qualquer. Em matéria de cozinha, como em literatura, sou eclético, assim como sou panteísta em matéria de religião. Entretanto, como Sainte-Foy, que não perdia a oportunidade de dizer que uma gemada era uma ceia ridícula, não posso deixar de dizer que a salada não é absolutamente uma alimentação natural para o homem, por mais onívoro que seja este. Só os ruminantes nasceram para pastar folhas. A prova é que nosso estômago não digere a salada, uma vez que secreta apenas ácidos e que as folhas só se diluem por meio de alcalinos, como quase todos os alimentos respiradores, que atravessam o estômago sem se preocupar com os sucos gástricos, ou melhor, sem que os sucos gástricos lhes deem pelota, e que vão se recomendar, uma vez atravessado o estômago, ao pâncreas e ao fígado. (...) São os bois os destinados a comer capim e a concorrer ao título de "boi gordo". Para isso, têm quatro estômagos e 135 a 140 pés de intestino delgado; além disso, para fazê-los chegar aos 1.300 quilos, temos de obrigá-los a beber até oitenta litros de água por dia, não que a água engorde positivamente – não vamos dar crédito a esse erro –, mas, ao diluir os alimentos, ela propicia aos órgãos da digestão a faculdade de extrair e absorver suas partes nutritivas. O leão e o tigre, que não comem vegetais crus, mas carne viva, têm apenas quinze pés de intestino delgado, e, como não bebem sequer um litro de água por dia, nunca ficarão gordos. Talvez eu me engane em alguns centímetros acerca dessa víscera dos felinos, mas devo reconhecer que nunca me ocorreu a ideia de

> ir medir o intestino delgado de um tigre ou de um leão. Falo por ouvir dizer.

Não é maravilhoso? Alexandre Dumas, meu amigo! Vá de Alexandre Dumas, que você não vai se arrepender.

Bem. Alexandre Dumas Filho, mirando-se num pai com tamanha estatura intelectual, também enamorou-se das letras. Também queria ser escritor. Faltava-lhe, apenas, assunto. Até que, numa de suas noitadas com os amigos, deparou com uma mulher que lhe roubou o fôlego. A mulher mais encantadora que já vira. Mais tarde, descreveu-a assim: "Era alta, muito esguia, de cabelos negros e pele rosada. Tinha uma cabeça pequena e olhos alongados de porcelana, como os das japonesas. Mas havia neles algo que denunciava uma natureza orgulhosa e viva. Podia ser uma estatueta de Dresden".

Essa moça tão linda chamava-se Marie Duplessis, nascera numa aldeia da Normandia e, aos quatorze anos de idade, fora vendida por seus pais a uma trupe de ciganos. Para você ver como os franceses tinham mania de vender gente.

Levada a Paris, Marie trabalhou como lavadeira e costureira, até receber proposta para militar em um bordel, que ela aceitou com entusiasmo. Aos dezesseis anos, sua beleza, já famosa em toda a cidade-luz, conquistou o coração de um abastado banqueiro francês, que a retirou do prostíbulo e passou a sustentá-la para seu deleite particular. Marie transformou-se no que, no Brasil, definia-se como uma teúda e manteúda.

Pelos quatro anos seguintes, Marie dedicou-se a levar franceses à ruína financeira. Acumulou amantes nobres, ricos e famosos, como o compositor Franz Liszt. Eles faliam, mas continuavam seus escravos. Ela era boa no que fazia, e parece que era boa pessoa também. Diversos relatos dão conta de ações generosas de Marie Duplessis.

Quando Alexandre Dumas Filho a conheceu, ambos estavam com vinte anos de idade. Em poucos dias, aconteceu com o jovem aspirante a escritor o mesmo que acontecia com todos os homens que punham os olhos em Marie Duplessis por mais de vinte minutos: ele se apaixonou. Percebendo que o rapaz já arfava por ela, Marie fez-lhe uma advertência:

– Se você declarar seu amor por mim, ou o rejeito e você fica ressentido comigo, ou o aceito e vai se ver nos braços de uma amante entristecida, uma mulher neurótica, doente e melancólica, cuja alegria você achará ainda mais triste do que a sua tristeza.

Muito honesto da parte dela. Mas inútil. Nenhum homem, ao receber aviso deste jaez, vai dizer à mulher:

– Ah, que bom que você me contou isso. Então já estou indo, viu? Tchau. Até nunca mais.

Lógico que um homem não age assim. Ao contrário, ele pula com alegria feroz nos braços da tal amante entristecida, e pensa: armei e me dei bem. O problema é que nós homens não entendemos algo a respeito das mulheres. Não entendemos que, quando elas dizem uma frase semelhante à que disse Marie Duplessis a Dumas Filho, ou ainda que elas não sejam tão poéticas, ainda que digam somente aquela frase que as mulheres gostam de dizer no segundo encontro, "Eu sou muito complicada", pois bem, quando as mulheres dizem qualquer coisa parecida, preste atenção:

ELAS ESTÃO DIZENDO A VERDADE!

Em outras palavras: elas realmente são complicadas e você vai arruinar sua boa vida se se envolver com elas.

Foi o que Dumas Filho constatou depois de um ano de convivência com a bela morena. E, como ele era mais esperto que a maioria dos parisienses de meados do século XIX, decidiu romper o relacionamento. Fez em alto estilo, escrevendo um bilhete inteligente que já demonstrava sua verve literária:

> Não sou suficientemente rico para te amar como desejava, nem suficientemente pobre para ser amado

> por ti como o desejarias. O teu coração é grande o bastante para perceberes as razões desta carta, e a tua inteligência, para me perdoares.

Estava certo, Dumas Filho. Marie o perdoou e propôs que continuassem amigos.

A essa altura, a doença mencionada por ela a Dumas Filho já se manifestava com maior intensidade. A tuberculose corroía-lhe os pulmões. Volta e meia, Marie desmaiava e escarrava sangue. Qualquer aroma mais forte a deixava enjoada. Um problema para quem, como ela, amava as flores. A solução foi cercar-se unicamente de camélias, flores que não possuem aroma. Marie vivia sobraçando camélias e, todos os dias, enchia a casa dessas flores delicadas. Um de seus contemporâneos observou que ela, aos poucos, ficara "presa numa fortaleza de camélias". Marie gastou no inútil tratamento de saúde toda a fortuna que reunira vendendo seus encantos. Morreu silenciosamente, aos 23 anos. Foi velada por um único amigo e apenas dois amantes compuseram o féretro até o cemitério.

Tocado pelo fim de Marie Duplessis, Dumas Filho escreveu um poema:

> No momento final, hora de pranto,
> Pobre mulher, havia só um amigo
> E no caminho para o campo-santo,
> Somente dois levaram-te ao jazigo
> Benditos os dois que, de alma incendiada,
> Desprezando conceito deletério
> Deram-se as mãos e, à jovem malsinada,
> Levaram tristemente ao cemitério.
> Vós que passastes dias a adorá-la

Não tendes a moral dúbia nem torta:
Após o orgulho de amá-la em vida,
Não o tiveste de segui-la morta!

Depois desse arrebatamento todo, Dumas Filho alugou um quarto de pensão e pôs-se a escrever um romance. Em um ano aprontou *A Dama das Camélias*, que logo se alçou a best-seller.

Ainda era pouco.

Dumas Filho ansiava por ver sua história encenada no teatro francês. Seu pai, no entanto, achava que o tema do livro não cabia no palco. O rapaz não esmoreceu. Trancou-se numa casa de campo e converteu o romance em peça teatral. Concluído o trabalho, levou-o à apreciação do pai. Foi com um muxoxo contrariado que Dumas Père, como era chamado pelos franceses, recebeu os originais de Dumas Fils, como era chamado pelos franceses. Sentou-se para ler e, ao cabo do primeiro capítulo, comentou, sem muita empolgação:

– Está bom...

Naquele momento, Dumas Fils foi convocado ao centro da cidade para tratar de assuntos profissionais. Saiu de casa, deixando o pai a ler os manuscritos. Ao retornar, no fim do dia, encontrou o velho às lágrimas.

– Meu querido filho! – saudou-o Dumas Père, abraçando-o. – Eu estava totalmente enganado! Tua peça irá à cena e será apreciada pelo mundo inteiro!

Dumas Père sabia das coisas. A peça fez ainda mais sucesso do que o livro. Nos anos 50, Giuseppe Verdi baseou-se no romance para escrever sua ópera *La Traviata* (A Transviada). No século XX, o cinema contou a história da jovem cortesã de Paris em cinco filmes, um deles estrelado por Greta Garbo. *A Dama das Camélias* é uma referência literária em todo o planeta. Marie Duplessis, em apenas 23 anos de vida, tornou-se imortal.

As dançarinas nuas

Em *A Dama das Camélias*, Alexandre Dumas Filho disfarçou a identidade de Marie Duplessis com o nome de Margarida. Margarida Gautier.

A rainha Margot era chamada de Margot por seus irmãos e pela mãe, mas seu nome de batismo era Margarida.

E a personagem que virá a seguir também se chamava Margarida, embora tenha se tornado famosa pelo pseudônimo.

Três mulheres lindas e devassas. Três Margaridas. Será esse nome predestinado? Gostaria de averiguar, mas a única Margarida que conheço é a namorada do Pato Donald. O jeito, então, é falar dessa Margarida que seduziu metade da Europa no começo do século XX. E, para conseguir essa proeza, nossa Margarida foi mirar-se no exemplo de uma mulher fatal que viveu dois mil anos antes dela: Salomé, a dançarina.

Tudo o que se sabe sobre Salomé cabe em dois parágrafos do Evangelho de Marcos. Foi o que bastou para desencadear as fantasias mais lúbricas em milhares de homens e mulheres durante vinte séculos.

Salomé era filha de Herodias, mulher com quem o tetrarca* Herodes mantinha um caso extraconjugal

* Tetrarquia era como era chamada cada uma das quatro partes de uma divisão administrativa. No caso, a tetrarquia em questão é a Galileia, que fazia parte do Império Romano e da qual Herodes era chefe, ou governador. (N.E.)

na velha e sempre conflagrada Palestina. Na verdade, o relacionamento dos dois excedia um pouco ao simples adultério, porque Herodias era mulher do próprio irmão de Herodes, Filipe. O profeta João Batista condenava Herodes por isso, repetindo, sempre que encontrava o rei:

– Não te é permitido ter a mulher do teu irmão.

Mas Herodes gostava de João Batista, considerava-o um homem santo, e assim não fazia nada contra ele. Já Herodias temia e, por isso mesmo, odiava o profeta e sua ladainha de santarrão.

Um dia, durante uma festa em que Herodes recebia convidados importantes, a filha de Herodias, Salomé, que provavelmente ainda não tinha dezesseis anos, dançou durante o jantar, encantando a todos, especialmente o tetrarca. Herodes ficou tão enlevado que disse à mocinha:

– Pede-me o que quiseres e te darei. – E jurou-lhe: – Tudo o que me pedires, te darei, ainda que seja a metade do meu reino!

Salomé consultou a mãe, que sem demora aconselhou:

– Peça a cabeça de João Batista!

Salomé obedeceu. Herodes ainda vacilou, tentou negociar, ofereceu outros presentes menos macabros à menina. Uma cabeça? Que é que você vai fazer com uma cabeça? Uma cabeça logo estraga, aí acaba-se a brincadeira. Que tal uma cidade, cheia de gente e casas? Ou um belo rebanho com mil cabras berrantes? Ou alguns escravos núbios, que podem ser besuntados e usados para os jogos mais divertidos, como aquele da ovelhinha tosquiada e os pastores sacanas?

Em vão. Ela queria porque queria a cabeça de João Batista. Como havia empenhado a palavra e estava na frente de convidados, Herodes, muito a contragosto, cumpriu a promessa: mandou buscar João Batista, a fim de decapitá-lo, o que foi feito. Os guardas do palácio, muito educados, entregaram a Salomé a cabeça do profeta numa bandeja e, diante do presente, a maliciosa ninfeta dançou outra vez para os extasiados convidados, enquanto Herodes suspirava:

– É bem filha da sua mãe...

Que dança teria sido essa, que valia metade de um reino ou a cabeça de um homem?

A arte lasciva de Salomé saiu do Novo Testamento para excitar a imaginação da cristandade durante milênios. Até que, no agitado período que se estende das décadas finais do século XIX às iniciais do século XX, inspirou uma estirpe de mulheres que se tornaram poderosas exatamente por colocar em prática os predicados de Salomé. Eram elas as...

... as...

... as...

... DANÇARINAS NUAS!

Mulheres perigosas, como vai se ver a seguir. Mas bem que eu queria tê-las conhecido.

A primeira representante dessa estirpe a marcar época foi Lola Montez. Dizia-se espanhola; era irlandesa. Na época em que a Dama das Camélias encerrava sua curta porém animada vida em Paris, Lola fazia Munique estremecer sob seus pés macios. Existe outra coincidência a unir as duas beldades, além da contemporaneidade: ambas foram amantes do compositor húngaro-alemão Franz Liszt. Era bom, esse Liszt!

Em 1848, Lola usou sua dança espanhola, sua morenice sensual e suas artimanhas de alcova para escravizar o coração de um rei: Ludwig I, da Baviera. Tinha ela trinta anos; ele, o dobro disso. Até hoje os bávaros são fascinados por esse rei excêntrico e seu neto ainda mais excêntrico, Ludwig II. Existem até cervejas com o nome de Ludwig na região. Cervejas de trigo, densas, encorpadas, amarelo-ouro, de sabor pronunciado. São as *weissbier*, uma delícia se acompanhadas pelas famosas salsichas brancas de Munique.

A paixão de Ludwig I por Lola Montez foi, a princípio, tolerada pelos bávaros. Até que os efeitos da paixão começaram a abalar as burras do Estado. Ludwig destinou uma gorda pensão à amante e elevou-a primeiro a condessa, depois a abadessa de Santa Tereza. A conduta pública de Lola era cada vez mais escandalosa. Saía à rua dentro de vestidos caros, cercada de belos jovens que juravam morrer por ela.

Como símbolo de sua devoção, esses valetes vestiam gorros vermelhos. Que se transformaram numa espécie de signo da corrupção. Um dia, estudantes da Universidade de Munique, encontrando alguns desses rapazes, espancaram-nos com denodo e os deixaram desfalecidos na rua, em meio a poças tão vermelhas quanto os gorros que usavam. Lola, furiosa, pediu que Ludwig mandasse fechar a Universidade, e o rei, muito obediente, acatou o pedido da amante.

Era demais para os alemães, que tanto prezam a educação.

A decisão do rei gerou uma violenta revolta popular, e nem a reabertura da Universidade nem sua separação de Lola Montez impediram a queda de Ludwig.

Ludwig foi sucedido pelo filho, Maximiliano, e Lola homiziou-se em Londres. Mais tarde, o neto de Ludwig I, também Ludwig, mas II, seria deposto por motivos semelhantes aos que derrubaram o avô. Ludwig II também enlouqueceu de paixão, só que foi uma paixão platônica pelo compositor Richard Wagner. As benesses que Ludwig II concedeu a Wagner causaram nova rebelião entre os bávaros, e de novo o rei acabou destronado.

Ludwig II, como seu avô, foi um alucinado construtor de castelos. Entre eles, o de Neuschwanstein, um nome que você jamais vai conseguir pronunciar, mas saberá de que castelo se trata porque foi nele que os estúdios Disney se basearam para desenhar o castelo da Branca de Neve.

Lola Montez derrubou um rei, mas a legítima reencarnação de Salomé foi outra dançarina nua, uma morena de lábios polpudos e 1m75cm de altura que passou à história com o pseudônimo de Mata Hari.

Essas três lindas fêmeas, Mata Hari, Lola Montez e a Dama das Camélias, todas elas pertenciam a uma rara casta de mulheres: a de concubinas. Cuja atividade era reconhecida sem maiores sobressaltos na Europa de então. Mais até: as concubinas podiam ser consideradas amantes profissionais. Napoleão III chegou a regularizar o ofício, determinando que o estipêndio da dama dependeria do *arrondissement* de Paris onde ela estivesse instalada. Nos distritos mais afastados, a concubina recebia trezentos francos de cada amante. Na elegante Faubourg Saint-Honoré, o fidalgo despendia dois mil francos por mês, mais as despesas de uma mansão, duas carruagens, dois cavalos e dois criados. Para as que tinham vocação, valia a pena, como se vê.

Mata Hari tinha vocação, mas não foi sempre concubina. Nem foi sempre Mata Hari. Nascida na Holanda, seus pais a batizaram com o nome de Margaretha: Margarida.

Enquanto ela foi Margaretha, teve uma vida tão comportada quanto medíocre. Casou-se com um militar, Rudolph MacLeod, mudou-se com ele para as Índias Orientais Holandesas e lá tiveram um casal de filhos. O casamento redundou em fragoroso fracasso. Em alguns anos, os dois se odiavam. Margaretha queixava-se de que o marido não lhe dava a mínima atenção, ao contrário dos jovens tenentes da companhia, que ansiavam por lhe dar a máxima atenção. A relação do casal chegou ao fim com a misteriosa morte de um dos filhos, o menino. Há suspeitas de que tenha sido envenenado por um subalterno de

Rudolph, indignado com algum desmando cometido contra ele pelo comandante.

Rudolph conseguiu ficar com a guarda da filha. Margaretha, abandonada e sozinha, fez o que fazem as mulheres abandonadas e sozinhas: mudou. A começar de fora para dentro.

Eis algo que se deve saber sobre as mulheres: quando uma mulher muda radicalmente de aparência, a mudança de fato radical está ocorrendo DENTRO dela. Por exemplo: se sua mulher, morena de cabelos compridos, chega um dia em casa loira de cabelos curtos, CUIDADO! Não despreze esse sinal. Quer dizer que, se ela não traiu, vai trair. Ou pensa em trair. Ou vai começar a pensar em trair.

Bem, eu avisei.

Margaretha fez isso. Mudou de cidade, de nome e de vida. Transferiu-se para Paris e virou dançarina. Não fez curso de marketing, mas teve sensibilidade suficientemente aguda para interpretar o espírito europeu do começo do século XX e agir de acordo com o diagnóstico. Ou procedeu conforme lhe sugeriu o instinto. Ou foi simplesmente sorte, sabe-se lá.

O fato é que, em primeiro lugar, ela escolheu a profissão certa para uma mulher bela, sozinha e disposta a quase tudo para ganhar dinheiro e ter sucesso, naquele tempo. As dançarinas gozavam de grande prestígio, graças principalmente ao desempenho nos palcos da grande bailarina norte-americana Isadora Duncan. Aliás, sobre Isadora Duncan, é preciso ressaltar que ela, apesar de às vezes até dançar nua, esteve longe de ser uma concubina. Isadora foi uma estrela da dança e da vida. Teve uma existência às vezes trágica, sempre romântica. Dizia-se inimiga do balé clássico, dançava sem sapatilhas, com os pés descalços, vestindo uma túnica branca que pretendia se assemelhar às usadas pelos antigos gregos. Casou-se com o poeta russo Sergei Esenin e aderiu à Revolução Soviética. Em 1916, visitou o Brasil e fez o país estremecer. Encontrou-se com o jornalista João do Rio e houve até quem dissesse que os dois entabularam um pequeno caso amoroso. Bobagem. João do Rio era homossexual, fato conhecido em todas as rodas boêmio-literárias da capital da República. Sua eleição para a Academia Brasileira de Letras, inclusive, rendeu motivo para que o malandro Emílio de Menezes compusesse um versinho que era repetido às gargalhadas pelos gaiatos da Confeitaria Colombo:

> Na previsão dos próximos calores,
> A Academia, que idolatra o frio,
> Não podendo comprar ventiladores
> Abriu suas portas a João do Rio.

O *affair* entre Isadora Duncan e João do Rio não passou de um desejo ufanista de ligar a maior bailarina do mundo a um personagem da cultura nacional.

Isadora seguiu sua trajetória na Europa. Seus dois filhos morreram afogados quando o carro em que estavam caiu no Sena, em 1913. Seu marido suicidou-se em 1925. Isadora morreu em um estranho acidente em 1927, em Nice, quando as franjas da longa echarpe vermelha que usava prenderam-se em uma das rodas traseiras do carro que a transportava, estrangulando-a.

Ao contrário de Isadora Duncan, a dança de Margaretha sustentava-se na sensualidade. E, enquanto Isadora se inspirava nos gregos, Margaretha, recém-egressa da Indonésia, incrustou o Oriente Longínquo no centro da personagem que construiu. Construiu mesmo: Margaretha tornou-se outra pessoa. Tornou-se Mata Hari, que, em malaio, significa Olho da Madrugada.

Em março de 1905, os jornais de Paris noticiavam a respeito das apresentações dessa enigmática dançarina javanesa, filha da sacerdotisa de um templo indiano, que executava danças baseadas em "rituais arcanos do hindu", como definiu o *Le Gaulois* em sua primeira página.

Nas entrevistas a jornalistas, Mata Hari liberava a criatividade. Dizia-se nativa de Java, filha de pais europeus. Sua mãe fora "dançarina do templo de Jaffnapatain, no sudeste da Índia". Com a morte dos pais, fora criada por sacerdotes do templo de Kanda Swany, que a treinaram para dançar em honra ao deus Swa e a transformaram numa espécie de escrava branca, destino do qual ela foi salva por um oficial holandês apaixonado. Naquele tempo sem internet e telefone celular, um tempo no qual, para conferir uma história ocorrida em Java, só mesmo indo a Java, a lenda que Mata Hari urdiu para si própria colou. Depois de uma de suas apresentações, o crítico do *Le Journal* derramou sua excitação no papel: "Mata Hari personifica toda a poesia da Índia, seu misticismo, voluptuosidade e encanto hipnótico. Ver Mata Hari dançar com movimentos que são poemas de volúpia selvagem é um espetáculo inesquecível, um verdadeiro sonho".

Volúpia selvagem... Mata Hari fazia a dança dos sete véus, tirando-os um a um, lentamente, sensualmente, até ficar vestida apenas com correntes de ouro e duas plaquinhas peitorais circulares que escondiam seus pequenos, rijos e balouçantes seios. Numa de suas apresentações em Viena, o *Neue Wiener Journal* bradou: "Isadora Duncan está morta! Vida longa a Mata Hari!"

Um exagero. Mata Hari não era páreo para a arte de Isadora.

A rival de Mata Hari nos palcos era Maud Allan, uma dançarina canadense que também interpretava Salomé com sucesso. Já na cama não havia concubina que se equiparasse a ela, nos albores do século XX. Mata Hari não tinha preconceitos. Entregava-se a homens, a mulheres e a turmas mistas. Participava de festas só para mulheres, em que era a atração e o prato principal. Num desses eventos, numa mansão nos arredores de Paris, interpretou Lady Godiva: as belas convidadas, que riam e bebiam nos jardins do palacete, foram surpreendidas pela irrupção de Mata Hari montada num cavalo branco. Nua. Algumas dessas festas ganharam celebridade, e circulou por Paris o boato de que Mata Hari fizera sua entrada em uma delas montada num elefante. Nua.

Mata Hari era uma mulher cara. Arruinava amantes com velocidade poucas vezes vista no mundo dos amores pagos. Um deles, o financista Félix Xavier Rousseau, apaixonou-se por ela depois de testemunhar uma única de suas apresentações. Abandonou mulher e filhos, comprou, mobiliou e decorou um palacete para a amante, presenteou-a com quatro cavalos puro-sangue, encheu seu *closet* de roupas luxuosas e suas gavetas de joias caras, viveu alguns meses de fausto e sexo requintado, e faliu.

Mata Hari era holandesa, apresentava-se como javanesa e vivia em Paris. Uma mulher multinacional. Logo, seus amantes eram multinacionais. Pouco importava que fossem alemães, franceses, ingleses ou paraguaios, desde que pudessem patrociná-la. E como, às vésperas da Primeira Guerra Mundial, militares e diplomatas desfrutavam de grande prestígio, Mata Hari dava prioridade a pretendentes dessas duas categorias.

Foi aí que se perdeu.

Há dúvidas sobre se Mata Hari foi mesmo uma espiã. Talvez não tenha sido, mas queria ser. Recebeu propostas para se tornar agente de alemães e franceses, e aceitou ambas. Repassou para um e outro lado os segredos que colhia na cama, nunca por patriotismo, sempre por dinheiro. Não eram segredos importantes. Os militares que se regalaram com ela não pareciam bobos. Contavam alguma coisinha para que ela se achasse importante e iam embora sentindo-se mais leves.

O problema é que Mata Hari vivia na França, e os franceses não haveriam de apreciar a companhia de uma espiã a serviço da Alemanha. Em fevereiro de 1917, ela foi presa, acusada de ser a agente secreta H-21, a soldo do exército do Kaiser. As mentiras que a própria Mata Hari inventara a respeito da sua vida, seus incontáveis envolvimentos amorosos com homens de toda a Europa, a névoa de pecado e pequenas contravenções que a cercava, tudo isso, somado à necessidade que os franceses tinham de criar um factoide para ajudar na propaganda de guerra, fez com que Mata Hari fosse condenada à morte por espionagem.

No dia 14 de outubro de 1917, um domingo, o médico que acompanhava Mata Hari, o dr. Bizard, e a freira que a visitava todos os dias, a irmã Léonide, foram informados de que os recursos impetrados pelo advogado da prisioneira haviam sido recusados e que ela seria fuzilada no dia seguinte. Foram vê-la, taciturnos.

"Nossas expressões não traíam nossos sentimentos", relatou o médico, mais tarde. "Nós a confortamos, assegurando-a de que seria perdoada. Depois de perguntar sobre sua saúde, conversamos sobre trivialidades e logo o assunto voltou-se para sua dança."

– Mostre-nos como você dança – pediu a irmã Léonide.

Mata Hari levantou-se, afrouxou as roupas e ali, na cela minúscula, na véspera da sua morte, fez uma apresentação gratuita, desinteressada e autêntica, talvez a mais autêntica da sua vida.

Antes de sair, o médico pingou um sedativo na água de Mata Hari, e ela, que tinha dificuldades para dormir desde que fora presa, atravessou uma noite de sono tranquilo. Sua última noite.

No momento derradeiro, o advogado de Mata Hari, Clunet, um senhor de setenta anos, tentou um lance desesperado, alegando que ela estava grávida – pela lei francesa, mulheres grávidas não podiam ser executadas. Quando o diretor da prisão argumentou que era impossível, pois nenhum homem entrara na cela, o advogado rebateu, dramaticamente:

– Um entrou... eu!

Também o velho causídico estava apaixonado pela espiã. Mata Hari, porém, recusou-se a empregar esse estratagema. Ao ver que a irmã Léonide chorava, disse, sobranceira:

– Não tema, irmã. Sei como morrer sem fraqueza. Você verá um belo final.

Mata Hari cumpriu a promessa. Vestiu suas melhores roupas para a cerimônia: o espartilho que lhe afinou a cintura, um vestido cinza-claro, meias, luvas compridas com botões, botas de cano alto e um chapéu tricorne de feltro.

Ao sair da prisão, deparou com a multidão de curiosos e jornalistas que, mesmo antes das seis da manhã, tinham acorrido à cadeia para testemunhar seus últimos minutos de vida. E mesmo nessa hora trágica, a vaidade falou mais alto. Mata Hari sussurrou para a irmã Léonide, fascinada:

– Quanta gente! Que sucesso!

Em frente ao tronco da execução, uma árvore sem galhos nem folhas, Mata Hari despiu o casaco e repassou-o à irmã Léonide.

– Abrace-me e deixe-me ir. Fique à minha direita – pediu. – Quero estar olhando para você. *Adieu.*

A irmã obedeceu, soluçando.

O velho advogado Clunet aproximou-se de Mata Hari e a beijou na boca. Um dos soldados comentou:

– Pobre mulher. O Conselho de Guerra não a condenou a isso.

A seguir, Mata Hari recusou a venda e pediu que não lhe amarrassem os pulsos. Prometeu que ficaria parada, sem atrapalhar a cerimônia, e foi o que fez. Ereta e altiva diante do pelotão de fuzilamento, Mata Hari dava seu último show. Um sargento comentou, admirado:

– Essa mulher sabe morrer.

Mata Hari agradeceu. Foram suas últimas palavras. Antes de morrer, ela sorriu e mandou beijos para a assistência. Onze balas lhe vararam o corpo.

Mata Hari desabou pesadamente. Um tenente da cavalaria afastou-se do pelotão, caminhou até aquela mulher que seduzira a Europa, a Salomé do século XX, e disparou-lhe o tiro de misericórdia na têmpora.

O fim

A morte de Mata Hari simbolizou o fim de uma era. A Era das Cortesãs.

Porque não foi apenas uma morte: foi uma execução. A sociedade, que até então bajulava a cortesã, a eliminou. Não a mulher que vendia seus favores, isso continuou existindo, mas a dama respeitada pela comunidade e que se orgulhava da sua profissão; essa, depois do fuzilamento de Mata Hari, essa foi atirada no pântano da marginalidade.

Agora seria impossível conceber, por exemplo, algo semelhante ao que ocorreu com a pequena Jeanne-Antoinette Poisson no século XVIII.

Aos nove anos de idade, Jeanne-Antoinette foi levada pela mãe a uma consulta com a mais famosa cartomante de Paris, Madame Leblon. A previsão da cartomante foi de que a menina seria, num futuro próximo, elevada a amante do rei Luís XV. Note o que escrevi: elevada. O posto de concubina do rei era, para qualquer francesa, uma honra. Por isso, a mãe de Jeanne-Antoinette, em vez de se escandalizar, vibrou de excitação com o vaticínio das cartas. Passou a preparar a filha com critério para o destino que supostamente a aguardava – cuidou de educá-la para ser uma boa cortesã. E, quando Jeanne-Antoinette contava com pouco mais de vinte anos, a profecia se cumpriu: Luís XV a conheceu, apaixonou-se e a arrastou para a corte, onde ela se consagrou como a Madame de Pompadour, invejada por metade das mulheres da França, uma das personalidades mais influentes do país em todos os tempos, uma das grandes damas da História.

Uma concubina.

Depois da Primeira Guerra Mundial, essa figura da concubina, até então luminosa, recuou para as sombras. Sobretudo porque a posição da mulher na sociedade estava se modificando. A guerra e a Revolução Industrial obrigaram a mulher a sair de casa.

Essa a grande mudança: ela saiu de casa.

Trabalhar, a mulher sempre trabalhou. Sempre ajudou o homem na lida do campo ou no comércio, muitas vezes mourejando mais do que ele. Tudo isso se dava, porém, no âmbito da família. Agora, a mulher tinha de sair do lar e afastar-se dos filhos.

Foi um movimento antinatural. E compulsório. A mulher não queria sair de casa; foi obrigada a isso. Enfatizo: obrigada.

Durante 11.800 anos, mulheres fizeram o mundo sentir a extensão e o poder dos tentáculos da sua vontade, viraram as cabeças dos homens, submeteram reis e exércitos, mandaram e foram obedecidas. Mas nenhuma delas, nenhuma única sequer cogitou de mudar o velho esquema que remontava do tempo da extinção do nosso primo-irmão Neanderthal: o homem como provedor, o homem que saía pelo mundo a combater os inimigos e a enfrentar as contingências do convívio com outros homens; e a mulher em casa, a mulher como guardiã da família.

Acreditar que a mulher desejava, mas não conseguia mudar esse esquema, é subestimar o poder da mulher. O esquema era-lhe conveniente. Ela tinha o que queria: o recôndito do lar. Mas o capitalismo amassou o homem, tirou-lhe a capacidade de sustentar sozinho a família e jogou a mulher no mercado do trabalho.

Arrancou-a de casa.

Hoje, a mulher se encontra num impasse. Como disse lá no início, a criação dela, a Civilização, está vazando. Está cheia de defeitos. O principal deles: a razão pela qual a mulher desencadeou o processo civilizatório, a segurança da família, encontra-se sob grave ameaça. Não por causa da mulher, importante destacar; por causa do homem.

Vou abordar esse drama logo a seguir, mas, antes, é preciso ressaltar que a Civilização sempre foi defeituosa pelo simples motivo de que ela é um estorvo. A Civilização é um porre. Uma chatice.

Socorro-me de alguém com mais autoridade: Sigmund Freud. Em seu estupendo *O mal-estar na civilização*, Freud diz, a folhas tantas:

> Não podemos entender por que os regulamentos estabelecidos por nós mesmos não representam proteção e benefício para cada um de nós. Contudo, quando consideramos o quanto fomos malsucedidos exatamente nesse campo de prevenção do sofrimento, surge em nós a suspeita de que também aqui é possível jazer, por trás desse fato, uma parcela de natureza inconquistável – dessa vez, uma parcela de nossa própria constituição psíquica.
>
> Quando começamos a considerar essa possibilidade, deparamo-nos com um argumento tão espantoso,

que temos de nos demorar nele. Esse argumento sustenta que o que chamamos de nossa Civilização é em grande parte responsável por nossa desgraça e que seríamos muito mais felizes se a abandonássemos e retornássemos às condições primitivas. Chamo esse argumento de espantoso porque, seja qual for a maneira por que possamos definir o conceito de Civilização, constitui fato incontroverso que todas as coisas que buscamos a fim de nos protegermos contra as ameaças oriundas das fontes de sofrimento fazem parte dessa mesma Civilização.

Eis todo o paradoxo da Humanidade: a Civilização é, ao mesmo tempo, a fonte do sofrimento e o remédio para o sofrimento.

Mais adiante, Freud observa: "A liberdade do indivíduo não constitui um dom da Civilização. Ela foi maior antes da existência de qualquer Civilização".

Aí está o problema. Nós, homens, ainda ansiamos por aquela perdida liberdade. Os tempos áureos do nosso primo Neanderthal, tempos em que ninguém era de ninguém, fazem-nos muita falta. É o que Freud, sempre o velho Freud, chama de "usurpação da nossa liberdade sexual".

A Civilização impõe restrições à poligamia e ao saudável ninguém é de ninguém.

Outra restrição importante da Civilização: ela inibe nosso instinto agressivo, nossa inclinação animalesca de sair por aí com os amigos a fazer confusão.

Freud, de novo:

> Se a Civilização impõe sacrifícios tão grandes, não apenas à sexualidade do homem, mas também à sua agressividade, podemos compreender melhor por que lhe é difícil ser feliz nesta Civilização. Na realidade, o homem primitivo se achava em situação melhor, sem conhecer restrições de instinto.

É isso! A Civilização reprimiu nossos mais caros instintos. Tolheu nossa sexualidade e nossa agressividade. Mas, debaixo das camadas de modéstia nas quais estou soterrado, afirmo, com voz sussurrada, porém firme, que Freud não percebeu que esses instintos são realmente latejantes tão somente no homem. O homem como gênero masculino, não como ser humano.

O instinto de destruição e a sexualidade plena são menores na mulher. Porque, na mulher, o instinto dominante é o da reprodução. É o da vida.

É o que nos diferencia delas. Nós, homens, somos selvagens. Nós matamos, destruímos e agredimos, impelidos exatamente pelos instintos sexuais e agressivos.

Essa é a nossa tragédia.

Essa é a nossa grandeza.

Camille Paglia disse que não existe um Mozart mulher pelo mesmo motivo que não existe um Jack, o Estripador, mulher. Certo. Um Jack, o Estripador, e um Mozart, um gênio e um *serial killer*, são moldados com o mesmo barro: a selvageria ancestral do homem. Todos os grandes gênios da Humanidade, Sócrates, Confúcio, Einstein, Leonardo da Vinci, Jesus Cristo, Freud, todos se alimentavam da mesma barbárie de um Hitler, um conde Vlado, o Empalador, um Tamerlão. Porque a grande arte só se faz com dor. Só um homem inadaptado concebe uma criação imortal. Nas curvas que o cinzel de Michelangelo esculpiu no mármore do seu Moisés estão a sua revolta, a sua inconformidade com a Civilização. Esse mesmo Michelangelo, talvez o artista mais refinado da história humana se você levantar a cabeça e olhar para o teto da Capela Sistina, se você prestar atenção naquela obra que Michelangelo levou quatro anos para concluir, deitado sozinho em um andaime, com o pescoço torcido, se você olhar bem, irá ver que existe sublimação em cada traço. Que aquilo só se faz com dor, com fúria, com selvageria.

A grande arte, produto mais refinado da Civilização, é, na verdade, uma reação à Civilização.

É o nosso instinto brutal, resquício das épocas primevas do Neanderthal, que nos faz grandes e cruéis.

A mulher? A mulher não precisa de nada disso. A mulher é a própria Civilização. A mulher caminha pelo mundo com os pés no chão, equidistante do ridículo e da façanha. A mulher olha criticamente para o homem que se jacta e sonha com a glória, e sorri com condescendência. Porque a mulher, por natureza, percebe o que é realmente importante na vida: apenas a própria vida.

Nós, com a nossa selvageria, com o nosso instinto destrutivo, com a nossa sede por glória e imortalidade, nós estamos sempre boicotando a criação da mulher, a Civilização. Mas agora, depois de doze mil anos, nós chegamos ao ponto nevrálgico: o reduto da mulher, a família, está ameaçado. Era do que eu falava acima. Nosso instinto destrutivo, sob a forma do capitalismo, atingiu a família, que se esboroa aos poucos.

A mulher, então, precisa agir. É o que está acontecendo. Que tarefa grandiosa cabe à mulher! Terá de cuidar de todo o mundo sem tirar os olhos da própria família. Conseguirá? Eu, aqui, confio em sua capacidade. Por quê? Por conhecer as histórias de Ródope, de Frineia, de Messalina, de Cleópatra, de Lucrécia Borgia, da rainha Margot, de Catarina de Médicis, da Dama das Camélias, de Lola Montez, de Mata Hari.

Elas exerceram o poder da mulher.

Ródope arrebatou o coração de um faraó com uma única noite de amor; Frineia seduziu uma corte de duzentos homens apenas mostrando as curvas harmônicas de seu corpo nu; Messalina fez do próprio César o maior tolo da Terra; Cleópatra submeteu os dois homens mais poderosos do mundo no seu tempo; por Lucrécia Borgia, um papa e um príncipe transformaram-se nos maiores assassinos da Itália; a rainha Margot e sua mãe, Catarina de Médicis, mandaram em metade da Europa; a Dama das Camélias enlevou a França; Lola Montez derrubou um rei; e Mata Hari foi a espiã nua que abalou Paris.

Com sexo.

Sexo!

Sexo! Sexo! Sexo!

Sexo!

Eis o poder da mulher. Exatamente porque o sexo, para a mulher, não é tão importante como é para o homem. O homem compra revistas com fotos de mulheres nuas, o homem, se homossexual, compra revistas com fotos de homens nus, o homem paga por sexo, frequenta bordéis, cata prostitutas nas esquinas, assiste a filmes pornográficos, o homem só pensa em sexo, sexo, sexo, sexo!

Sexo.

Por isso mesmo, só o homem pode ser escravo do sexo; nunca a mulher. Porque, como dizia Schopenhauer e concordava Nietzsche, o sexo, para a mulher, é um meio; para o homem, um fim. O homem vive, trabalha, se alimenta, respira em busca do sexo. A mulher, pela reprodução.

Algumas mulheres compreendem essa nossa fraqueza. E nos manipulam. E fazem de nós o que bem entendem. São as Ródopes, as Frineias, as Damas das Camélias e todas as demais das quais falamos. Além de tantas outras que, diariamente, miam para nos arrancar um pequeno favor, desmancham-nos com um sorriso, fazem-nos estremecer com um olhar, esmagam os ventrículos dos nossos corações com os seus saltos agulha.

Graças ao poder que o sexo lhes confere sobre nós, selvagens, é que as mulheres podem consertar a Civilização. E elas o farão, creio. Imagino que a mulher, em pouco tempo, tomará conta das atividades que regem o planeta: a administração das empresas e dos Estados, o mando público, a economia das nações. A nós, homens, restarão as iniciativas condizentes com nossa barbárie: a música, a pintura, as letras, as artes em geral, e a culinária, os esportes, tudo o que não puder prescindir da criatividade, que, afinal, advém da selvageria.

Nós, incorrigíveis homens das cavernas, seremos reduzidos às nossas funções quase que decorativas. Funções menos importantes do que as duras atividades delas, mas que, por fim, também contribuirão para o aperfeiçoamento da Civilização, pois é na arte e nos esportes que canalizamos nossa agressividade destrutiva e solapadora.

É isso: o sexo, o poder da mulher, vai salvar a Civilização.

Que elas administrem o mundo. E deixem-nos aqui, em segundo plano, inventando contos, pintando quadros, urdindo guloseimas e acepipes, tirando formas da pedra dura, nós homens ridículos, sonhadores, canhestros, selvagens, homens das cavernas que fomos, que somos, que sempre seremos.

Coleção L&PM POCKET (LANÇAMENTOS MAIS RECENTES)

618.**Snoopy em Assim é a vida, Charlie Brown! (3)** – Schulz
619.**1954 – Um tiro no coração** – Hélio Silva
620.**Sobre a inspiração poética (Íon)** e ... – Platão
621.**Garfield e seus amigos (8)** – Jim Davis
622.**Odisséia (3): Ítaca** – Homero
623.**A louca matança** – Chester Himes
624.**Factótum** – Bukowski
625.**Guerra e Paz: volume 1** – Tolstói
626.**Guerra e Paz: volume 2** – Tolstói
627.**Guerra e Paz: volume 3** – Tolstói
628.**Guerra e Paz: volume 4** – Tolstói
629(9).**Shakespeare** – Claude Mourthé
630.**Bem está o que bem acaba** – Shakespeare
631.**O contrato social** – Rousseau
632.**Geração Beat** – Jack Kerouac
633.**Snoopy: É Natal! (4)** – Charles Schulz
634(8).**Testemunha da acusação** – Agatha Christie
635.**Um elefante no caos** – Millôr Fernandes
636.**Guia de leitura (100 autores que você precisa ler)** – Organização de Léa Masina
637.**Pistoleiros também mandam flores** – David Coimbra
638.**O prazer das palavras** – vol. 1 – Cláudio Moreno
639.**O prazer das palavras** – vol. 2 – Cláudio Moreno
640.**Novíssimo testamento: com Deus e o diabo, a dupla da criação** – Iotti
641.**Literatura Brasileira: modos de usar** – Luís Augusto Fischer
642.**Dicionário de Porto-Alegrês** – Luís A. Fischer
643.**Clô Dias & Noites** – Sérgio Jockymann
644.**Memorial de Isla Negra** – Pablo Neruda
645.**Um homem extraordinário e outras histórias** – Tchékhov
646.**Ana sem terra** – Alcy Cheuiche
647.**Adultérios** – Woody Allen
648.**Para sempre ou nunca mais** – R. Chandler
649.**Nosso homem em Havana** – Graham Greene
650.**Dicionário Caldas Aulete de Bolso**
651.**Snoopy: Posso fazer uma pergunta, professora? (5)** – Charles Schulz
652(10).**Luís XVI** – Bernard Vincent
653.**O mercador de Veneza** – Shakespeare
654.**Cancioneiro** – Fernando Pessoa
655.**Non-Stop** – Martha Medeiros
656.**Carpinteiros, levantem bem alto a cumeeira & Seymour, uma apresentação** – J.D.Salinger
657.**Ensaios céticos** – Bertrand Russell
658.**O melhor de Hagar 5** – Dik e Chris Browne
659.**Primeiro amor** – Ivan Turguêniev
660.**A trégua** – Mario Benedetti
661.**Um parque de diversões da cabeça** – Lawrence Ferlinghetti
662.**Aprendendo a viver** – Sêneca
663.**Garfield, um gato em apuros (9)** – Jim Davis
664.**Dilbert 1** – Scott Adams
665.**Dicionário de dificuldades** – Domingos Paschoal Cegalla
666.**A imaginação** – Jean-Paul Sartre
667.**O ladrão e os cães** – Naguib Mahfuz
668.**Gramática do português contemporâneo** Celso Cunha
669.**A volta do parafuso** *seguido de* **Daisy Mille** – Henry James
670.**Notas do subsolo** – Dostoiévski
671.**Abobrinhas da Brasilônia** – Glauco
672.**Geraldão (3)** – Glauco
673.**Piadas para sempre (3)** – Visconde da Cas Verde
674.**Duas viagens ao Brasil** – Hans Staden
675.**Bandeira de bolso** – Manuel Bandeira
676.**A arte da guerra** – Maquiavel
677.**Além do bem e do mal** – Nietzsche
678.**O coronel Chabert** *seguido de* **A mulhe abandonada** – Balzac
679.**O sorriso de marfim** – Ross Macdonald
680.**100 receitas de pescados** – Sílvio Lancellotti
681.**O juiz e seu carrasco** – Friedrich Dürrenmat
682.**Noites brancas** – Dostoiévski
683.**Quadras ao gosto popular** – Fernando Pessc
684.**Romanceiro da Inconfidência** – Cecíli Meireles
685.**Kaos** – Millôr Fernandes
686.**A pele de onagro** – Balzac
687.**As ligações perigosas** – Choderlos de Laclos
688.**Dicionário de matemática** – Luiz Fernand Cardoso
689.**Os Lusíadas** – Luís Vaz de Camões
690(11).**Átila** – Éric Deschodt
691.**Um jeito tranqüilo de matar** – Chester Hime
692.**A felicidade conjugal** *seguido de* **O diab** – Tolstói
693.**Viagem de um naturalista ao redor do mund** – vol. 1 – Charles Darwin
694.**Viagem de um naturalista ao redor do mund** – vol. 2 – Charles Darwin
695.**Memórias da casa dos mortos** – Dostoiévsk
696.**A Celestina** – Fernando de Rojas
697.**Snoopy: Como você é azarado, Charlie Browr (6)** – Charles Schulz
698.**Dez (quase) amores** – Claudia Tajes
699(9).**Poirot sempre espera** – Agatha Christie
700.**Cecília de bolso** – Cecília Meireles
701.**Apologia de Sócrates** *precedido de* **Êutifron** *seguido de* **Críton** – Platão
702.**Wood & Stock** – Angeli
703.**Striptiras (3)** – Laerte
704.**Discurso sobre a origem e os fundamentos d desigualdade entre os homens** – Rousseau
705.**Os duelistas** – Joseph Conrad
706.**Dilbert (2)** – Scott Adams
707.**Viver e escrever** (vol. 1) – Edla van Steen
708.**Viver e escrever** (vol. 2) – Edla van Steen
709.**Viver e escrever** (vol. 3) – Edla van Steen
710(10).**A teia da aranha** – Agatha Christie
711.**O banquete** – Platão
712.**Os belos e malditos** – F. Scott Fitzgerald
713.**Libelo contra a arte moderna** – Salvador Da
714.**Akropolis** – Valerio Massimo Manfredi
715.**Devoradores de mortos** – Michael Crichton

716.**Sob o sol da Toscana** – Frances Mayes
717.**Batom na cueca** – Nani
718.**Vida dura** – Claudia Tajes
719.**Carne trêmula** – Ruth Rendell
720.**Cris, a fera** – David Coimbra
721.**O anticristo** – Nietzsche
722.**Como um romance** – Daniel Pennac
723.**Emboscada no Forte Bragg** – Tom Wolfe
724.**Assédio sexual** – Michael Crichton
725.**O espírito do Zen** – Alan W.Watts
726.**Um bonde chamado desejo** – Tennessee Williams
727.**Como gostais** *seguido de* **Conto de inverno** – Shakespeare
728.**Tratado sobre a tolerância** – Voltaire
729.**Snoopy: Doces ou travessuras? (7)** – Charles Schulz
730.**Cardápios do Anonymus Gourmet** – J.A. Pinheiro Machado
731.**100 receitas com lata** – J.A. Pinheiro Machado
732.**Conhece o Mário?** vol.2 – Santiago
733.**Dilbert (3)** – Scott Adams
734.**História de um louco amor** *seguido de* **Passado amor** – Horacio Quiroga
735(11).**Sexo: muito prazer** – Laura Meyer da Silva
736(12).**Para entender o adolescente** – Dr. Ronald Pagnoncelli
737(13).**Desembarcando a tristeza** – Dr. Fernando Lucchese
738.**Poirot e o mistério da arca espanhola & outras histórias** – Agatha Christie
739.**A última legião** – Valerio Massimo Manfredi
740.**As virgens suicidas** – Jeffrey Eugenides
741.**Sol nascente** – Michael Crichton
742.**Duzentos ladrões** – Dalton Trevisan
743.**Os devaneios do caminhante solitário** – Rousseau
744.**Garfield, o rei da preguiça (10)** – Jim Davis
745.**Os magnatas** – Charles R. Morris
746.**Pulp** – Charles Bukowski
747.**Enquanto agonizo** – William Faulkner
748.**Aline: viciada em sexo (3)** – Adão Iturrusgarai
749.**A dama do cachorrinho** – Anton Tchékhov
750.**Tito Andrônico** – Shakespeare
751.**Antologia poética** – Anna Akhmátova
752.**O melhor de Hagar 6** – Dik e Chris Browne
753(12).**Michelangelo** – Nadine Sautel
754.**Dilbert (4)** – Scott Adams
755.**O jardim das cerejeiras** *seguido de* **Tio Vânia** – Tchékhov
756.**Geração Beat** – Claudio Willer
757.**Santos Dumont** – Alcy Cheuiche
758.**Budismo** – Claude B. Levenson
759.**Cleópatra** – Christian-Georges Schwentzel
760. **Revolução Francesa** – Frédéric Bluche, Stéphane Rials e Jean Tulard
761.**A crise de 1929** – Bernard Gazier
762.**Sigmund Freud** – Edson Sousa e Paulo Endo
763.**Império Romano** – Patrick Le Roux
764.**Cruzadas** – Cécile Morrisson
765.**O mistério do Trem Azul** – Agatha Christie
766.**Os escrúpulos de Maigret** – Simenon
767.**Maigret se diverte** – Simenon
768.**Senso comum** – Thomas Paine
769.**O parque dos dinossauros** – Michael Crichton
770.**Trilogia da paixão** – Goethe
771.**A simples arte de matar** (vol.1) – R. Chandler
772.**A simples arte de matar** (vol.2) – R. Chandler
773.**Snoopy: No mundo da lua! (8)** – Charles Schulz
774.**Os Quatro Grandes** – Agatha Christie
775.**Um brinde de cianureto** – Agatha Christie
776.**Súplicas atendidas** – Truman Capote
777.**Ainda restam aveleiras** – Simenon
778.**Maigret e o ladrão preguiçoso** – Simenon
779.**A viúva imortal** – Millôr Fernandes
780.**Cabala** – Roland Goetschel
781.**Capitalismo** – Claude Jessua
782.**Mitologia grega** – Pierre Grimal
783.**Economia: 100 palavras-chave** – Jean-Paul Betbèze
784.**Marxismo** – Henri Lefebvre
785.**Punição para a inocência** – Agatha Christie
786.**A extravagância do morto** – Agatha Christie
787(13).**Cézanne** – Bernard Fauconnier
788.**A identidade Bourne** – Robert Ludlum
789.**Da tranquilidade da alma** – Sêneca
790.**Um artista da fome** *seguido de* **Na colônia penal e outras histórias** – Kafka
791.**Histórias de fantasmas** – Charles Dickens
792.**A louca de Maigret** – Simenon
793.**O amigo de infância de Maigret** – Simenon
794.**O revólver de Maigret** – Simenon
795.**A fuga do sr. Monde** – Simenon
796.**O Uraguai** – Basílio da Gama
797.**A mão misteriosa** – Agatha Christie
798.**Testemunha ocular do crime** – Agatha Christie
799.**Crepúsculo dos ídolos** – Friedrich Nietzsche
800.**Maigret e o negociante de vinhos** – Simemon
801.**Maigret e o mendigo** – Simenon
802.**O grande golpe** – Dashiell Hammett
803.**Humor barra pesada** – Nani
804.**Vinho** – Jean-François Gautier
805.**Egito Antigo** – Sophie Desplancques
806(14).**Baudelaire** – Jean-Baptiste Baronian
807.**Caminho da sabedoria, caminho da paz** – Dalai Lama e Felizitas von Schönborn
808.**Senhor e servo e outras histórias** – Tolstói
809.**Os cadernos de Malte Laurids Brigge** – Rilke
810.**Dilbert (5)** – Scott Adams
811.**Big Sur** – Jack Kerouac
812.**Seguindo a correnteza** – Agatha Christie
813.**O álibi** – Sandra Brown
814.**Montanha-russa** – Martha Medeiros
815.**Coisas da vida** – Martha Medeiros
816.**A cantada infalível** *seguido de* **A mulher do centroavante** – David Coimbra
817.**Maigret e os crimes do cais** – Simenon
818.**Sinal vermelho** – Simenon
819.**Snoopy: Pausa para a soneca (9)** – Charles Schulz
820.**De pernas pro ar** – Eduardo Galeano
821.**Tragédias gregas** – Pascal Thiercy
822.**Existencialismo** – Jacques Colette
823.**Nietzsche** – Jean Granier
824.**Amar ou depender?** – Walter Riso
825.**Darmapada: A doutrina budista em versos**
826.**J'Accuse...! – a verdade em marcha** – Zola
827.**Os crimes ABC** – Agatha Christie

828.**Um gato entre os pombos** – Agatha Christie
829.**Maigret e o sumiço do sr. Charles** – Simenon
830.**Maigret e a morte do jogador** – Simenon
831.**Dicionário de teatro** – Luiz Paulo Vasconcellos
832.**Cartas extraviadas** – Martha Medeiros
833.**A longa viagem de prazer** – J. J. Morosoli
834.**Receitas fáceis** – J. A. Pinheiro Machado
835.(14).**Mais fatos & mitos** – Dr. Fernando Lucchese
836.(15).**Boa viagem!** – Dr. Fernando Lucchese
837.**Aline: Finalmente nua!!!** (4) – Adão Iturrusgarai
838.**Mônica tem uma novidade!** – Mauricio de Sousa
839.**Cebolinha em apuros!** – Mauricio de Sousa
840.**Sócios no crime** – Agatha Christie
841.**Bocas do tempo** – Eduardo Galeano
842.**Orgulho e preconceito** – Jane Austen
843.**Impressionismo** – Dominique Lobstein
844.**Escrita chinesa** – Viviane Alleton
845.**Paris: uma história** – Yvan Combeau
846(15).**Van Gogh** – David Haziot
847.**Maigret e o corpo sem cabeça** – Simenon
848.**Portal do destino** – Agatha Christie
849.**O futuro de uma ilusão** – Freud
850.**O mal-estar na cultura** – Freud
851.**Maigret e o matador** – Simenon
852.**Maigret e o fantasma** – Simenon
853.**Um crime adormecido** – Agatha Christie
854.**Satori em Paris** – Jack Kerouac
855.**Medo e delírio em Las Vegas** – Hunter Thompson
856.**Um negócio fracassado e outros contos de humor** – Tchékhov
857.**Mônica está de férias!** – Mauricio de Sousa
858.**De quem é esse coelho?** – Mauricio de Sousa
859.**O burgomestre de Furnes** – Simenon
860.**O mistério Sittaford** – Agatha Christie
861.**Manhã transfigurada** – Luiz Antonio de Assis Brasil
862.**Alexandre, o Grande** – Pierre Briant
863.**Jesus** – Charles Perrot
864.**Islã** – Paul Balta
865.**Guerra da Secessão** – Farid Ameur
866.**Um rio que vem da Grécia** – Cláudio Moreno
867.**Maigret e os colegas americanos** – Simenon
868.**Assassinato na casa do pastor** – Agatha Christie
869.**Manual do líder** – Napoleão Bonaparte
870(16).**Billie Holiday** – Sylvia Fol
871.**Bidu arrasando!** – Mauricio de Sousa
872.**Desventuras em família** – Mauricio de Sousa
873.**Liberty Bar** – Simenon
874.**E no final a morte** – Agatha Christie
875.**Guia prático do Português correto – vol. 4** – Cláudio Moreno
876.**Dilbert (6)** – Scott Adams
877(17).**Leonardo da Vinci** – Sophie Chauveau
878.**Bella Toscana** – Frances Mayes
879.**A arte da ficção** – David Lodge
880.**Striptiras (4)** – Laerte
881.**Skrotinhos** – Angeli
882.**Depois do funeral** – Agatha Christie
883.**Radicci 7** – Iotti
884.**Walden** – H. D. Thoreau
885.**Lincoln** – Allen C. Guelzo
886.**Primeira Guerra Mundial** – Michael Howard
887.**A linha de sombra** – Joseph Conrad
888.**O amor é um cão dos diabos** – Bukowski
889.**Maigret sai em viagem** – Simenon
890.**Despertar: uma vida de Buda** – Jack Kerouac
891(18).**Albert Einstein** – Laurent Seksik
892.**Hell's Angels** – Hunter Thompson
893.**Ausência na primavera** – Agatha Christie
894.**Dilbert (7)** – Scott Adams
895.**Ao sul de lugar nenhum** – Bukowski
896.**Maquiavel** – Quentin Skinner
897.**Sócrates** – C.C.W. Taylor
898.**A casa do canal** – Simenon
899.**O Natal de Poirot** – Agatha Christie
900.**As veias abertas da América Latina** – Eduardo Galeano
901.**Snoopy: Sempre alerta! (10)** – Charles Schulz
902.**Chico Bento: Plantando confusão** – Mauricio de Sousa
903.**Penadinho: Quem é morto sempre aparece** – Mauricio de Sousa
904.**A vida sexual da mulher feia** – Claudia Tajes
905.**100 segredos de liquidificador** – José Antonio Pinheiro Machado
906.**Sexo muito prazer 2** – Laura Meyer da Silva
907.**Os nascimentos** – Eduardo Galeano
908.**As caras e as máscaras** – Eduardo Galeano
909.**O século do vento** – Eduardo Galeano
910.**Poirot perde uma cliente** – Agatha Christie
911.**Cérebro** – Michael O'Shea
912.**O escaravelho de ouro e outras histórias** – Edgar Allan Poe
913.**Piadas para sempre (4)** – Visconde da Casa Verde
914.**100 receitas de massas light** – Helena Tonetto
915(19).**Oscar Wilde** – Daniel Salvatore Schiffer
916.**Uma breve história do mundo** – H. G. Wells
917.**A Casa do Penhasco** – Agatha Christie
918.**Maigret e o finado sr. Gallet** – Simenon
919.**John M. Keynes** – Bernard Gazier
920(20).**Virginia Woolf** – Alexandra Lemasson
921.**Peter e Wendy** *seguido de* **Peter Pan em Kensington Gardens** – J. M. Barrie
922.**Aline: numas de colegial (5)** – Adão Iturrusgarai
923.**Uma dose mortal** – Agatha Christie
924.**Os trabalhos de Hércules** – Agatha Christie
925.**Maigret na escola** – Simenon
926.**Kant** – Roger Scruton
927.**A inocência do Padre Brown** – G.K. Chesterton
928.**Casa Velha** – Machado de Assis
929.**Marcas de nascença** – Nancy Huston
930.**Aulete de bolso**
931.**Hora Zero** – Agatha Christie
932.**Morte na Mesopotâmia** – Agatha Christie
933.**Um crime na Holanda** – Simenon
934.**Nem te conto, João** – Dalton Trevisan
935.**As aventuras de Huckleberry Finn** – Mark Twain
936(21).**Marilyn Monroe** – Anne Plantagenet
937.**China moderna** – Rana Mitter
938.**Dinossauros** – David Norman
939.**Louca por homem** – Claudia Tajes
940.**Amores de alto risco** – Walter Riso
941.**Jogo de damas** – David Coimbra
942.**Filha é filha** – Agatha Christie
943.**M ou N?** – Agatha Christie
944.**Maigret se defende** – Simenon

IMPRESSÃO:

GRÁFICA EDITORA
Pallotti
IMAGEM DE QUALIDADE

Santa Maria - RS - Fone/Fax: (55) 3220.4500
www.pallotti.com.br